집콕 문해력 챌린지

글 김정희
그림 김종채

애플비
applebeebooks

차례

 **1단계**

문자 할머니 집 가는 길 ···· 4
안내문 의자에 바르게 앉기 ···· 5
목록 캠핑을 준비해요 ···· 6
차림표 식당에서 음식 고르기 ···· 7
사용법 두 손을 깨끗이 ···· 8
요리법 층층이 샌드위치 만들기 ···· 9
소개 글 우리 가족의 띠 ···· 10
초대장 나눔 장터에서 만나요 ···· 11
설명문 고흐와 자화상 ···· 12
목록 엄마의 심부름 ···· 13
안내문 지진이 나면 ···· 14
카드 산타 할아버지께 ···· 15

식품 표시 글 젤리는 이렇게 먹어요 ···· 16
전단지 찾아 주세요! ···· 17
메모 책상 정리 규칙 ···· 18
안내문 어린이 박물관 ···· 19
뉴스 이번 주 주말 날씨 ···· 20
안내문 종이 분리수거 방법 ···· 21
순서 꽃모종 심기 ···· 22
안내문 함께 사는 이웃을 위해 ···· 23
문자 친구와 약속 정하기 ···· 24
국어사전 사전을 찾아요 ···· 25
안내문 즐거운 어린이날 ···· 26
안내문 어린이 자료실 ···· 27

 **2단계**

동요 개미 심부름 ···· 28
동시 화르르 또르르 ···· 29
수수께끼 빙그레 찾아오는 소는? ···· 30
일기 기다리고 기다리던 워터 파크 ···· 31
동요 햇볕은 쨍쨍 ···· 32
동시 라면 라면 라면 ···· 33
수수께끼 잔털로 감싸인 나는? ···· 34
일기 커튼 뒤에서 ···· 35
동요 길로 길로 가다가 ···· 36
동시 박수받는 똥 ···· 37
수수께끼 바람이 안 불면 흔들리는 나는? ···· 38
일기 고구마 풍년 ···· 39

동요 굴속의 작은 곰 ···· 40
동시 들락날락 ···· 41
수수께끼 빗방울이 미끄럼 타는 산은? ···· 42
일기 내 마음대로 택배 ···· 43
동요 잘잘잘 ···· 44
동시 우리 집 웃음꽃 ···· 45
수수께끼 사람 안에 있는 집은? ···· 46
일기 오늘의 상상 일기 ···· 47
동요 가자 가자 감나무 ···· 48
동시 뿔 뿔 뿔 ···· 49
일기 으스스 대소동 ···· 50
일기 건넛집 새 친구 ···· 51

 **3단계**

감상문 <피터 팬>을 보고 ··· 52
감상문 점, 점, 점이 모인 그림 ··· 54
전래 동화 재주 많은 다섯 친구 ··· 56
명작 동화 늑대와 일곱 마리 아기 염소 ··· 58
창작 동화 곰 할아버지의 선물 ··· 60
전래 동화 견우와 직녀 ··· 62
명작 동화 꼬마 생쥐가 본 괴물 ··· 64
창작 동화 고래랑 가자미랑 ··· 66
기행문 제주도 성산 일출봉 ··· 68
기행문 삼엽충을 찾아서 ··· 70
전래 동화 흥부와 놀부 ··· 72
명작 동화 하이디 ··· 74
창작 동화 뭉툭한 바늘 ··· 76
전래 동화 빨간 부채 파란 부채 ··· 78

명작 동화 이상한 나라의 앨리스 ··· 80
창작 동화 두더지의 마음 ··· 82
전기문 제인 구달과 침팬지 ··· 84
전기문 장영실과 자격루 ··· 86
전래 동화 방귀쟁이 며느리 ··· 88
명작 동화 오즈의 마법사 ··· 90
창작 동화 구름 모자 ··· 92
전래 동화 녹두 할아버지와 토끼 ··· 94
명작 동화 완두콩 다섯 알 ··· 96
창작 동화 거짓말이 찰딱! ··· 98
설명문 손이 있는 식물 ··· 100
설명문 나비와 나방 ··· 102
설명문 동물이 사는 특별한 곳 ··· 104

정답 ··· 106

 **초등 국어 교과서 연계**

국어 1-2 7. 무엇이 중요할까요
국어 1-2 9. 겪은 일을 글로 써요
국어 1-2 10. 인물의 말과 행동을 상상해요
국어 2-1 1. 시를 즐겨요
국어 2-1 3. 마음을 나누어요
국어 2-1 8. 마음을 짐작해요

국어 2-2 1. 장면을 떠올리며
국어 2-2 3. 말의 재미를 찾아서
국어 2-2 5. 간직하고 싶은 노래
국어 3-1 1. 재미가 톡톡톡
국어 3-1 2. 문단의 짜임
국어 3-1 6. 일이 일어난 까닭

국어 3-1 8. 의견이 있어요
국어 3-1 9. 어떤 내용일까
국어 3-1 10. 문학의 향기
국어 3-2 1. 작품을 보고 느낌을 나누어요
국어 3-2 2. 중심 생각을 찾아요
국어 3-2 8. 글의 흐름을 생각해요

문자 할머니 집 가는 길

문자를 차근차근 읽고, 문제를 풀어 보세요.

민준아,

'동산 마을' 정류장 바로 앞 횡단보도를 건너면

세 갈래 길이 나온단다.

그중에서 가로수*나 꽃들이 늘어선 길 말고,

다리를 쭉 건너오렴.

바로 보이는 빨간 지붕 집이 할머니 집이야.

어휘 체크

★ 가로수 | 길을 따라 줄지어 심은 나무

1 할머니 집을 알맞게 표시한 그림지도를 찾아 ○ 해 보세요.

(   )

(   )

2 할머니 집 근처에 없는 것은 무엇일까요?

① 가로수 길   ② 슈퍼마켓   ③ 다리   ④ 꽃길

안내문: 의자에 바르게 앉기

안내문을 차근차근 읽고, 문제를 풀어 보세요.

의자에 앉을 때 허리를 곧게 펴요.
이때 온몸에 힘을 꽉 주지 않아요.
엉덩이는 등받이* 쪽으로 붙여 앉아요.
무릎은 세우고, 발바닥은 바닥에 붙여요.
머리를 몸 앞으로 내밀지 않고,
턱을 아래쪽으로 가볍게 당겨요.

어휘 체크
★ 등받이 | 의자에 앉을 때 등이 닿는 부분

1 의자에 바르게 앉는 방법으로 알맞은 것은 무엇일까요?

① 의자에 앉아 다리를 힘껏 쭉 뻗어요.
② 의자 앞쪽에 엉덩이를 가볍게 걸쳐요.
③ 머리를 앞으로 내밀지 말고 턱을 살짝 당겨요.
④ 온몸에 잔뜩 힘을 주고 앉아요.

2 의자에 바르게 앉은 어린이는 누구일까요?

①    ②    ③ 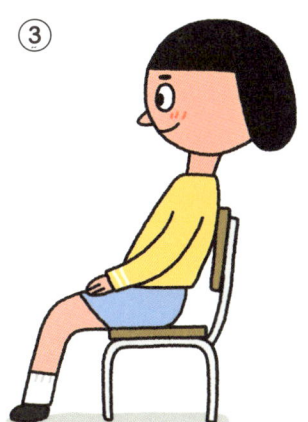   ④

캠핑을 준비해요

목록을 차근차근 읽고, 문제를 풀어 보세요.

- 아빠가 챙길 짐 | 네모난 텐트 가방, 수박
- 엄마가 챙길 짐 | 돌돌 만 돗자리, 접어 놓은 파라솔*
- 누나가 챙길 짐 | 수영복이 든 파란색 가방, 채집통
- 내가 챙길 짐 | 모자가 달린 회색 가방, 모래놀이 장난감
  - 강아지 목줄은 내가 잡기

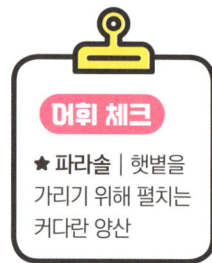

어휘 체크

★ 파라솔 | 햇볕을 가리기 위해 펼치는 커다란 양산

1 목록에 맞게 짐을 챙긴 가족을 찾아 ○ 해 보세요.

( )

( )

2 가족이 캠핑을 가는 장소는 어디일까요?

① 등산을 할 수 있는 높은 산　　　② 물놀이를 할 수 있는 바닷가

식당에서 음식 고르기

차림표

차림표를 차근차근 읽고, 문제를 풀어 보세요.

연잎밥 ········ 7,000원
찹쌀과 밤, 잣, 호박씨 등을
연잎에 잘 말아 찐 밥

화전 ········ 9,000원
먹을 수 있는 꽃잎으로
장식해 전처럼 부친 떡

부각 ········ 5,000원
다시마, 고추 등에 찹쌀 풀*을
발라 말렸다가 튀긴 음식

전골 ········ 15,000원
고기와 두부, 버섯, 야채 등을
담고 국물과 함께 끓인 음식

어휘 체크

★ 찹쌀 풀 | 찹쌀가루와 물을 섞어 쑨 풀

---

1 음식과 이름을 알맞게 선으로 연결해 보세요.

연잎밥   화전   부각   전골

2 할아버지가 드시고 싶어 하는 음식을 찾아 ○ 해 보세요.

바삭하게 튀긴 음식을 먹고 싶구나.
바로 (①전골 ②부각) 말이다.

사용법
두 손을 깨끗이

사용법을 차근차근 읽고, 문제를 풀어 보세요.

- 손 소독제는 병에 걸리거나 병을 옮기지 않도록 손에 있는 병원균*을 없애 주어요.
- 손에 동전 크기만큼 덜어서 손바닥, 손등, 손톱 밑, 손가락 사이를 꼼꼼히 문질러요.
- 손 소독제가 눈에 튀지 않도록 조심해요.

어휘 체크
★ 병원균 | 병을 일으키는 균

1 손 소독제 사용법의 설명과 다른 그림은 무엇일까요?

① 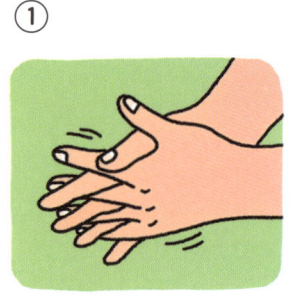 ② 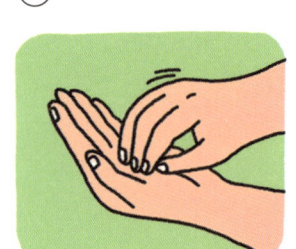 ③ 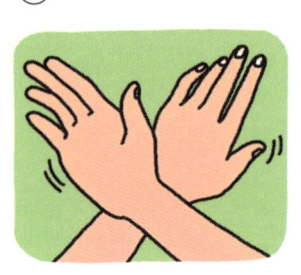 ④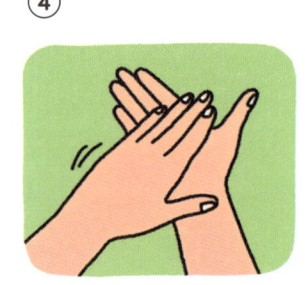

2 그림과 같은 상황에서 주의해야 할 점을 찾아 ○ 해 보세요.

- 손 소독제를 내가 가장 먼저 사용해요. (   )
- 손 소독제가 눈에 들어가지 않게 조심해요. (   )

요리법: 층층이 샌드위치 만들기

요리법을 차근차근 읽고, 문제를 풀어 보세요.

우선, 노릇하게 구운 빵에 물기를 탈탈 턴 양상추를 깔아요.
그 위에 얇게 썬 오이를 올리고, 치즈를 깔아요.
토마토케첩을 뿌린 뒤에, 기름에 부친 계란프라이를 올려요.
그 위에 햄을 올리고, 노릇하게 구운 빵으로 덮어요.
손바닥으로 꾹 눌러 주면 완성!

1 요리법 순서대로 재료가 놓이도록 빈칸에 번호를 써 보세요.

2 샌드위치의 재료에 알맞은 손질법을 선으로 연결해 보세요.

   노릇하게 굽기

   얇게 썰기

   물기 털기

   기름에 부치기

소개글 우리 가족의 띠

소개 글을 차근차근 읽고, 문제를 풀어 보세요.

태어난 해에 따라 띠가 정해져요.
띠는 모두 열두 동물로 이루어졌고, 순서가 있지요.
엄마는 호랑이띠예요. 아빠랑 엄마는 나이가 같아서 띠도 같아요. 나는 뱀띠예요.
내 동생은 나보다 두 살 어려서 양띠예요.

1 띠에 대한 설명이 잘못된 것은 무엇일까요?

① 나이가 같으면 띠가 같아요.   ② 고래 띠도 있어요.
③ 띠는 순서가 있어요.   ④ 열두 동물로 이루어졌어요.

2 가족의 띠를 보기에서 찾아 번호를 써 보세요.

보기   ① 소띠   ② 토끼띠   ③ 호랑이띠   ④ 양띠   ⑤ 뱀띠

나눔 장터에서 만나요

초대장을 차근차근 읽고, 문제를 풀어 보세요.

날짜
1회 5월 21일(일) 오후 3~5시
2회 5월 27일(토) 오후 3~5시

장소
나무 공원 광장

판매* 물건
집에서 쓰지 않는 물건(학용품, 책, 옷, 장난감, 신발 등)

실천 사항
쓰레기 없는 나눔 장터 만들기
일회용품* 없는 나눔 장터 만들기

어휘 체크
★ 판매 | 물건을 파는 일
★ 일회용품 | 한 번만 쓰고 버리도록 되어 있는 물건

1 나눔 장터를 알맞게 설명한 것은 무엇일까요?

① 한 번 열려요.
② 오전에 열려요.
③ 못 입는 옷을 팔 수 있어요.
④ 새 물건만 팔아요.

2 실천 사항에 알맞은 행동은 무엇일까요?

① 커다란 종이를 깔고 앉았다가 버리고 와요.
② 생기는 쓰레기는 집으로 다시 가져가요.
③ 쓰고 바로 버릴 수 있도록 일회용 종이컵을 사용해요.
④ 물건을 일회용 비닐봉지에 깔끔하게 담아 팔아요.

설명문

고흐와 자화상

설명문을 차근차근 읽고, 문제를 풀어 보세요.

1889년, 고흐는 정성껏 색을 덧칠해* 〈자화상〉을 완성했어요.

화가가 자기 모습을 그린 그림을 '자화상'이라고 해요.

고흐는 거울에 비친 자기 모습을 그렸지요.

콧수염과 귀밑까지 턱수염이 나 있네요.

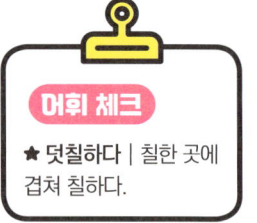

어휘 체크
★ 덧칠하다 | 칠한 곳에 겹쳐 칠하다.

1 설명문에서 설명하는 그림을 찾아 ○ 해 보세요.

(   )   (   )

2 알맞은 내용끼리 선으로 연결해 보세요.

화가 이름 •   • 〈자화상〉

그림의 제목 •   • 고흐

그림을 그린 때 •   • 1889년

목록 — 엄마의 심부름

목록을 차근차근 읽고, 문제를 풀어 보세요.

- 우유 | 1리터짜리 한 팩 또는 500밀리리터짜리 두 팩
- 가지 | 세 개짜리 한 봉지
  세 개보다 많이 들었으면 사지 말 것
- 두부 | 부침 두부로 한 모
- 간식 | 아이스크림 말고 다른 간식 두 개

1 심부름을 가는 장소는 어디일까요?

① 빵집　　　② 문방구　　　③ 슈퍼마켓　　　④ 약국

2 목록대로 알맞게 모아 놓은 것은 무엇일까요?

①

②

③

④

안내문
지진이 나면

안내문을 차근차근 읽고, 문제를 풀어 보세요.

> 튼튼한 탁자 아래에 들어가 몸을 보호해요. 이때 탁자 다리를 꼭 잡아요.
> 흔들림이 멈추면, 발을 보호할 수 있도록 신발을 신고 밖으로 나가요.
> 이때 엘리베이터는 멈출 수 있으니 계단을 이용해요.
> 건물이 무너질 수도 있어서 공원처럼 트인 곳으로 피해요.

1 안내문대로 몸을 바르게 보호한 어린이를 찾아 ◯ 해 보세요.

 (　　)    (　　)

2 지진이 났을 때 그림과 같은 상황에서 지켜야 할 일을 선으로 연결해 보세요.

신발을 신어요.　　계단을 이용해요.　　트인 곳으로 피해요.

산타 할아버지께

카드를 차근차근 읽고, 문제를 풀어 보세요.

저는 동생 지유와 사이좋게 지냈어요. 오늘은 형 심부름까지 했어요.
엄마도 우리 세 아들 '지수, 지훈, 지유'가 최고라고 했고요.
전 휴대폰이 좋지만 아직 안 된다면 변신 로봇도 좋아요.
산타 할아버지, 꼭 이름표를 잘 보고 선물을 넣어 주세요.
삼 형제 중에 제 이름만 받침이 있어요!

1 카드를 쓴 사람은 누구일까요?

① 엄마　　　② 지수　　　③ 지훈　　　④ 지유

2 카드의 내용으로 알맞은 것은 무엇일까요?

① 선생님께 보내는 카드예요.
② 형의 이름은 지유예요.
③ 지훈이는 삼 형제 중에 첫째예요.
④ 크리스마스 때 쓴 카드예요.

3 지훈이가 받고 싶은 선물이 아닌 것은 무엇일까요?

① 　　② 　　③

식품 표시글

젤리는 이렇게 먹어요

식품 표시 글을 차근차근 읽고, 문제를 풀어 보세요.

- 질식*의 위험이 있으니 목에 걸리지 않게 꼭꼭 씹어 드세요.
- 잘 씹지 못하는 어린이나 노인은 드시는 것을 피해 주세요.
- 얼려서 드시지 마세요.
- 직사광선*을 피하고 서늘한 곳에 보관해 주세요.

1 무엇에 대한 내용일까요?

① 젤리를 먹을 때 주의할 점 ② 젤리를 만든 날짜
③ 젤리의 모양과 색깔 ④ 젤리를 만든 재료

어휘 체크

★ **질식** | 숨을 쉴 수가 없는 상태
★ **직사광선** | 마주 보고 곧게 비치는 햇살

2 젤리는 왜 꼭꼭 씹어 먹어야 할까요?

① 단맛이 많이 나게 하려고
② 씹으면 쫀득해져서
③ 목에 걸리지 않게 하려고
④ 오래 아껴 먹으려고

3 젤리를 보관하는 장소로 알맞은 곳을 찾아 ○ 해 보세요.

(   )   (   )   (   )

찾아 주세요!

전단지를 차근차근 읽고, 문제를 풀어 보세요.

전체적으로 털이 갈색이고, 오른쪽 귀가 항상 쫑긋 서 있어요.

왼쪽 앞발에 커다랗고 하얀 점이 있어요.

짖는 게 특이한데 '컹' 하고 한 번만 짖고 말아요.

잘 물지 않아요. 그래도 발견하시면 다가가지 말고, 바로 전화 주세요.

연락처 010 - 123 - 4567

1 어떤 동물을 찾고 있을까요?

① 고양이   ② 강아지   ③ 햄스터   ④ 고슴도치

2 찾는 동물을 알맞게 표현한 그림은 무엇일까요?

①    ②    ③

3 동물을 찾았다면 어떻게 해야 할까요?

① 달아나지 못하게 팔다리를 벌려 앞을 막아요.

② 거리를 두고 찾는 사람한테 바로 전화해요.

③ 얌전하게 있으면 달래며 다가가요.

④ 동물 병원에 바로 데려가요.

메모 | 책상 정리 규칙

메모를 차근차근 읽고, 문제를 풀어 보세요.

- 사용한 컵과 먹던 음식 치우기
- 필기구*는 각각 제자리에 놓기
- 위험하지 않도록 가위나 칼은 뾰족한 쪽을 아래로 향하여 연필꽂이에 넣기
- 사용한 휴지나 오리고 남은 종이 조각 등은 버리기
- 의자와 서랍은 잘 밀어 넣기

어휘 체크

★ **필기구** | 볼펜이나 연필, 색연필 등 글씨를 쓸 때 필요한 물건

1 책상을 잘 살펴보고, 정리할 부분 두 곳을 찾아 빈칸에 ✔ 해 보세요.

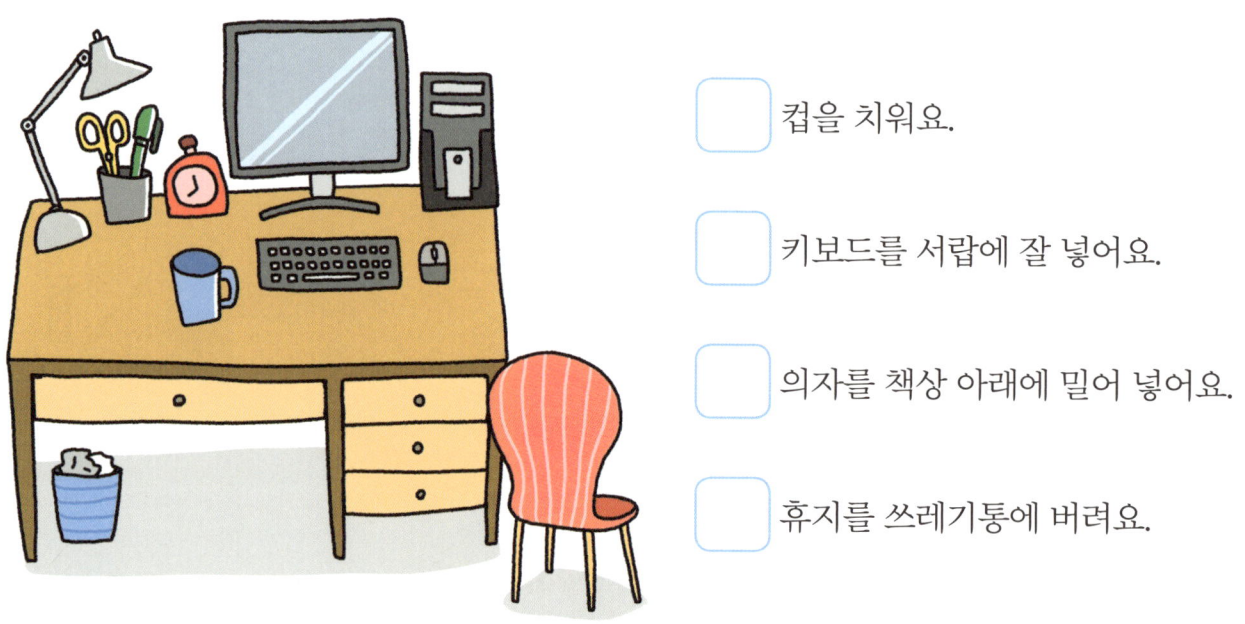

☐ 컵을 치워요.

☐ 키보드를 서랍에 잘 넣어요.

☐ 의자를 책상 아래에 밀어 넣어요.

☐ 휴지를 쓰레기통에 버려요.

2 가위나 칼은 왜 뾰족한 쪽을 아래로 향하여 넣을까요?

① 보기 좋아서　② 위험해서　③ 눈이 부셔서　④ 빨리 꺼내려고

어린이 박물관

안내문을 차근차근 읽고, 문제를 풀어 보세요.

어린이 박물관에서는 옛날 사람들의 생활을 엿볼 수 있는 살았던 집, 사용했던 도구나 그릇, 입었던 옷, 왕관 등을 전시*합니다.

체험* 공간에서는 왕관을 쓰고, 옷을 입어 볼 수 있습니다.

박물관 안에서는 음식을 먹을 수 없으므로 따로 준비된 도시락 공간을 이용해 주세요.

다른 사람에게 피해가 가지 않도록 떠들거나 뛰지 말아 주세요.

어휘 체크
★ **전시** | 여러 가지 물건을 한곳에 벌여 놓고 보여 줌
★ **체험** | 직접 해 보는 활동
★ **모형** | 실제 있는 것과 비슷하게 만든 물건

1 어린이 박물관의 전시물이 아닌 것은 무엇일까요?

① 옛날 사람들이 쓰던 그릇

② 왕관

③ 도시락 모형*

2 안내문을 보고 알 수 있는 내용은 무엇일까요?

① 박물관에서 주의할 점
② 박물관 이용 시간
③ 박물관 입장 방법
④ 박물관 화장실 위치

이번 주 주말 날씨

뉴스를 차근차근 읽고, 문제를 풀어 보세요.

주말에는 반짝추위*와 함께 미세 먼지*가 몰려와 주말 내내 뿌연 하늘이겠습니다.
외출 시 마스크를 꼭 써 주세요.
미세 먼지는 일요일 밤, 내리는 비에 씻겨 내릴 것으로 보입니다.
또 비가 온 뒤에는 추위도 누그러져* 따뜻해지겠습니다.

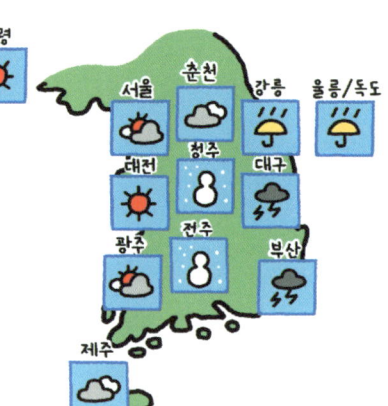

어휘 체크

★ **반짝추위** | 한때 짧게 추워지는 일
★ **미세 먼지** | 눈으로 볼 수 없을 정도로 아주 작은 먼지
★ **누그러지다** | 성질이 부드러워지거나 약해지다

1 무엇에 대한 뉴스일까요?

① 날씨　　② 외출 준비물　　③ 하늘의 색깔　　④ 운동 경기 결과

2 날씨를 **잘못** 알고 있는 어린이는 누구일까요?

①  주말에 미세 먼지가 심하대. 마스크를 꼭 쓰자.

②  일요일 밤늦게 나가려면 우산을 챙겨야지.

③  월요일 전까지는 춥대. 옷을 따뜻하게 입을래.

④  주말에 반짝 해 소식이 있네. 춥지 않겠어.

안내문

종이 분리수거 방법

안내문을 차근차근 읽고, 문제를 풀어 보세요.

다시 쓸 수 있는 종이를 골라 분리수거*하는 방법

- 공책, 스케치북 등에 달린 스프링을 빼요.
- 상자나 편지 봉투는 비닐, 접착테이프, 스티커를 떼요.
- 음료가 들어 있던 종이 팩은 플라스틱 뚜껑을 빼요.
- 음식물, 기름 등이 묻은 휴지는 종량제 봉투*에 버려요.

어휘 체크

★ **분리수거** | 종류별로 나누어서 버린 쓰레기를 가져가는 일
★ **종량제 봉투** | 쓰레기를 담아 버리는 정해진 크기의 봉투

1 떼거나 빼야 할 부분이 잘못 표시된 것을 찾아 빈칸에 ✔ 해 보세요.

2 종량제 봉투에 버려야 할 것은 무엇일까요?

① 매일 보는 신문   ② 두꺼운 종이봉투
③ 기름을 닦은 휴지   ④ 다 쓴 메모지

순서 꽃모종 심기

순서를 차근차근 읽고, 문제를 풀어 보세요.

① 바닥에 물 빠지는 구멍이 있는 화분을 준비해요.
　물이 잘 빠지지 않으면 뿌리가 썩어요.
② 물구멍으로 흙까지 빠져나가지 않도록 망*을 깔아요.
③ 그 위에 굵은 모래를 깔아요.
④ 꽃모종*이 들어갈 정도의 높이를 남기고 흙을 채워요.
⑤ 꽃모종을 화분에 넣고 뿌리 주변에 흙을 골고루 채워요.

어휘 체크
★ 망 | 그물처럼 구멍이 뚫린 물건. 물은 빠져나가도 굵은 모래는 빠져나가지 못한다.
★ 꽃모종 | 옮겨 심기 위해 가꾼 어린 식물

1 꽃모종을 순서대로 끝까지 심은 화분은 무엇일까요?

① 　② 　③

2 안 쓰는 컵을 화분으로 사용할 때 해야 할 일을 찾아 ○ 해 보세요.

뿌리가 컵에 가득 차는 꽃모종을 골라요.　　　물이 빠지도록 바닥에 구멍을 내요.
　　　　　(　　　)　　　　　　　　　　　　　　　(　　　)

안내문: 함께 사는 이웃을 위해

안내문을 차근차근 읽고, 문제를 풀어 보세요.

🏠 우리 집 바닥은 아랫집의 천장이니 뛰지 말아 주세요.
🏠 쾅 소리가 나지 않게 문을 살살 닫아 주세요.
🏠 의자를 빼거나 넣을 때 바닥에 끌지 말아 주세요.
🏠 밤에는 망치질이나 절구질* 등을 피해 주세요.
🏠 밤에는 악기 연주나 세탁기, 청소기 등의 사용을 피해 주세요.

어휘 체크
★ **절구질** | 마늘이나 깨 등을 찧거나 빻는 일
★ **층간 소음** | 아파트나 빌라 등의 윗집에서 나는 생활 속 시끄러운 소리

1 무엇에 대한 안내문일까요?

① 층간 소음* 줄이는 방법
② 부모님한테 칭찬받는 방법
③ 전기료 아끼는 방법
④ 이사할 때 짐 옮기는 방법

2 안내문대로 행동하지 않은 어린이는 누구일까요?

① 뛰면서 노는 건 밖에서 해요.

② 문을 살살 열고 닫아요.

③ 의자를 들어서 쿵 내려놓아요.

④ 밤에는 피아노 연주를 안 해요.

문자 친구와 약속 정하기

문자를 차근차근 읽고, 문제를 풀어 보세요.

우리 토요일 2시에 어디서 만날까?

놀이터 철봉 앞은 어때?

집에서 다 가까우니까 좋아.

그날 엄청 덥대. 어린이 도서관이 어떨까?

같이 책도 보고 괜찮은데.

잠깐, 우리 집에선 너무 멀어.
음, 그래도 시원해서 거기가 좋겠다!

그럼 결정할까? 윤아야, 너는 어때?

나도 좋아!

1 무엇을 정하는 걸까요?

① 약속 장소
② 약속 날짜
③ 약속 시간
④ 같이 먹을 간식

2 약속 장소는 어디일까요?

① 놀이터 철봉 앞
② 어린이 도서관
③ 집에서 가까운 곳
④ 윤아네 집

3 놀이터 철봉 앞에 대해서 어떤 의견이 나왔을까요?

① 시원해서 좋아요.
② 뛰어놀 수 있어서 좋아요.
③ 사람이 많아요.
④ 집에서 가까워서 좋아요.

국어사전 사전을 찾아요

국어사전의 한 부분을 차근차근 읽고, 문제를 풀어 보세요.

속담

호박이 넝쿨째로 굴러떨어졌다.
뜻 뜻밖에 좋은 물건을 얻거나 행운을 만났다는 말
비슷한말 굴러온 호박, 아닌 밤중에 찰시루떡

넝쿨 | 길게 뻗어 나가면서 다른 물건을 감기도 하고 땅바닥에 퍼지기도 하는 식물의 줄기

찰시루떡 | 떡가루에 찹쌀가루, 콩, 팥 등을 섞어 '시루'라는 그릇에 찐 떡

1 호박이 넝쿨째로 굴러떨어지는 그림을 찾아 ○ 해 보세요.

(   )

(   )

2 속담을 상황에 알맞게 사용한 어린이는 누구일까요?

①
심부름을 갔는데 호박이 넝쿨째로 굴러떨어졌어. 내가 좋아하는 스티커를 행사 선물로 받았거든.

②
어제 불을 끄고 누웠는데 엄마한테 혼났어. 내일도 이렇게 늦게 자면 안 된다고. 아, 아닌 밤중에 찰시루떡!

안내문
즐거운 어린이날

안내문을 차근차근 읽고, 문제를 풀어 보세요.

어린이날을 맞아 특별한 행사를 진행합니다.

행사 중 옷이 젖을 수 있으니 갈아입을 옷과 수건을 준비해 주세요.

① 〈금도끼 은도끼〉 인형극을 봐요.
② 보물찾기를 해요.
③ 맛있는 점심을 먹어요.
④ 같은 반끼리 모여 기념 촬영을 해요.
⑤ 물 풍선 나르기 게임을 해요.

1 점심 식사 바로 다음에 하는 것은 무엇일까요?

①  ②  ③

2 갈아입을 옷과 수건이 필요한 이유는 무엇일까요?

① 보물찾기를 할 때 땀이 날까 봐
② 기념 촬영 전에 멋지게 꾸미려고
③ 〈금도끼 은도끼〉 인형극에 연못이 나와서
④ 물 풍선 나르기 게임 중 옷이 젖을 수 있어서

안내문: 어린이 자료실

안내문을 차근차근 읽고, 문제를 풀어 보세요.

이용 시간 오전 9시~오후 6시(매주 월요일은 닫습니다.)
대출* 권수와 기간* 1인당 7권, 대출한 날부터 15일 동안
대출 정지 날짜를 지나서 반납*하면, 지난 날짜 수만큼 책을 빌릴 수 없습니다.

어휘 체크
★ **대출** | 책을 빌리는 일
★ **기간** | 어느 때부터 다른 어느 때까지의 동안
★ **반납** | 책을 되돌려 주는 일

1 어떤 장소에 대한 안내문일까요?

① 도서관　　② 미술 학원　　③ 학교　　④ 치과

2 각각의 질문에 알맞은 답을 찾아 ○ 해 보세요.

① 5권을 빌린다면 몇 권을 더 빌릴 수 있을까요? (2권 / 4권)

② 반납 날짜보다 3일 뒤에 반납하면 며칠 동안 책을 빌릴 수 없을까요? (3일 / 4일)

③ 3일에 책을 빌렸다면 반납 날짜를 달력에 표시해 보세요.

일	월	화	수	목	금	토
			1	2	3	4	5
6	7	8	9	10	11	12
13	14	15	16	17	18	19
20	21	22	23	24	25	26
27	28	29	30			

동요 개미 심부름

동요 가사를 차근차근 읽고, 문제를 풀어 보세요.

개미가 개미가 엄마 심부름 간다
사이좋게 줄을 서서 심부름을 가다가
동무*끼리 서로서로 부딪혔다네
아야야야 아파 아파 미안 미안해
야야야야 어디로 갈까 야야 저리로 갈까
부딪히는 바람에 심부름을 잊었네
이것 큰일 났구나 길 좀 비키세
야야 이리로 갈까 야야 저리 갈까

어휘 체크

★ 동무 | 가깝고 친한 사이로, 친구와 같은 뜻

1 개미들이 무엇을 하는지 가사에서 찾아 빈칸에 써 보세요.

2 개미들이 심부름을 잊은 이유는 무엇일까요?

① 줄지어 가는 게 재미있어서

② 맛있는 먹이를 찾아서

③ 굵은 빗방울에 부딪혀서

④ 개미 동무끼리 부딪혀서

동시: 화르르 또르르

동시를 차근차근 읽고, 문제를 풀어 보세요.

엄마랑 나랑 만나면 까르르, 쪽쪽!
김이랑 밥이랑 만나면 데구루루, 냠냠!
물이랑 빨대랑 만나면 뿌그르르, 퐁퐁!
먹는 걸로 장난치지 말랬지, 엄마가 화르르화르르!
화르르 엄마랑 나랑 만나면 눈물이 또르르 또르르!

1 그림과 같은 내 모습을 본 엄마의 반응을 찾아 ○ 해 보세요.

- 엄마는 신나서 화르르 날아올랐어요. (   )
- 엄마는 화가 화르르 났어요. (   )

2 다음 단어와 어울리는 그림을 찾아 선으로 연결해 보세요.

까르르   화르르   또르르

수수께끼: 빙그레 찾아오는 소는?

수수께끼를 차근차근 읽고, 문제를 풀어 보세요.

세상에는 '소'가 참 많아.
자동차에 기름을 넣는 주유소
옷을 빨고, 다리미질*하는 세탁소
차표나 입장권을 파는 매표소
자동차나 기계를 손질하는* 정비소
살아 있는 '소'도 있지.
털빛이 얼룩덜룩 젖소, 수염 난 염소
하지만 이런저런 장소에도
풀밭에 이런저런 소한테도
이 '소'가 빙그레 찾아오면 기분이 좋아지지.
나는 무슨 소일까?

 **어휘 체크**
★ 다리미질 | 다리미로 옷이나 천의 주름을 펴는 일
★ 손질하다 | 손을 대어 잘 매만지다.

1 수수께끼의 정답은 무엇일까요?

① 주소　　② 채소　　③ 미소　　④ 황소

2 그림 속 장소의 이름을 수수께끼에서 찾아 빈칸에 써 보세요.

일기: 기다리고 기다리던 워터 파크

일기를 차근차근 읽고, 문제를 풀어 보세요.

워터 파크에 갔다. 정말 오랜만이어서 꼭 100년 만인 것 같다!
도착하자마자 꽈배기처럼 꼬인 미끄럼틀을 탔다.
커다란 바구니 아래에서 한꺼번에 쏟아지는 폭포도 맞았다.
엄마가 안아 줬는데, 둘 다 머리카락이 얼굴에 짝 붙었다.
파도 풀*에서는 콧구멍에 물이 들어올까 봐 코를 얼른 잡았다.
잠깐 쉴 때는 노천탕*에 들어갔는데,
보글보글 나오는 뜨거운 물방울에 엉덩이가 간지러웠다.
하루 종일 간질간질 웃음 나는 날이었다.

어휘 체크
★ **파도 풀** | 파도를 만들어 바다와 비슷한 수영장
★ **노천탕** | 밖에 만들어 놓은 따뜻한 탕

1 워터 파크에서 가지 않은 곳은 어디일까요?

① 바구니 폭포　　② 꽈배기 미끄럼틀　　③ 노천탕　　④ 아기 수영장

2 어디에서 찍은 사진인지 보기에서 찾아 번호를 써 보세요.

보기　① 파도 풀　② 바구니 폭포　③ 노천탕

(　　)

(　　)

(　　)

동요: 햇볕은 쨍쨍

동요 가사를 차근차근 읽고, 문제를 풀어 보세요.

햇볕은 쨍쨍 모래알은 반짝

모래알로 떡 해 놓고, 조약돌*로 소반* 지어

언니 누나 모셔다가 맛있게도 냠냠

햇볕은 쨍쨍 모래알은 반짝

호미* 들고, 괭이* 메고, 뻗어 가는 메*를 캐어

엄마 아빠 모셔다가 맛있게도 냠냠

어휘 체크
- ★ 조약돌 | 작고 동글동글한 돌
- ★ 소반 | 조금 작은 밥상
- ★ 호미 | 감자, 고구마 등을 캘 때 쓰는 도구
- ★ 괭이 | 땅을 파거나 흙을 고를 때 쓰는 도구
- ★ 메 | 나팔꽃 모양의 꽃이 피는 풀

1 가사의 내용으로 알맞은 것은 무엇일까요?

① 진흙밭에서 진흙 떡을 만들며 놀아요.
② 햇볕 쨍쨍한 날, 모래로 떡을 만들며 놀아요.
③ 오빠, 형, 엄마, 아빠를 모셔다가 놀아요.
④ 물속에서 조약돌을 고르며 놀아요.

2 가사를 잘못 그린 그림 두 개를 찾아 ○ 해 보세요.

모래알로 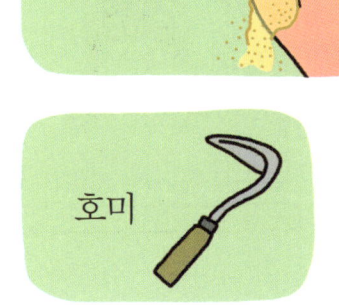 떡 해 놓고   조약돌로  소반 지어

호미  들고   괭이  메고   뻗어 가는 메를  캐어

동시: 라면 라면 라면

동시를 차근차근 읽고, 문제를 풀어 보세요.

만약에 내가 종이배라면
아빠는 졸졸 흐르는 시냇물
내가 민들레라면
아빠는 높이높이 날려 줄 바람
내가 홀딱 젖은 잠자리라면
아빠는 따끈따끈 데워진 돌멩이
아, 모모*라면 모모라면 할수록
고파 고파 배고파라
아빠, 라면부터 먹어요

어휘 체크
★ 모모 | 어떤 사물을 특별히 정하지 않고 부를 때 쓰는 말

1 내가 상상한 아빠와 나의 모습이 아닌 것은 무엇일까요?

① 돌멩이-잠자리   ② 바람-민들레   ③ 시냇물-오리   ④ 시냇물-종이배

2 알맞은 문장이 되도록 선으로 연결해 보세요.

돌멩이가   시냇물이   바람이

졸졸 흘러가요.   높이높이 날려 주어요.   따끈따끈 데워졌어요.

수수께끼: 잔털로 감싸인 나는?

수수께끼를 차근차근 읽고, 문제를 풀어 보세요.

나는 깃털 아닌, 코털 아닌, 짧은 잔털*로 감싸였어.
쏴쏴, 잔털이 씻겨 내려가면 반질반질해져.
반질반질한 껍질 속은 단단하거나 말랑해.
하지만 어느 쪽이든 곧 딱딱하고 울퉁불퉁한 씨앗 껍데기를 만나.
왜냐고? 아주 중요한 씨앗을 보호해야 하거든. 나는 무엇일까?

어휘 체크
★ 잔털 | 매우 가늘고 짧은 털

1 수수께끼의 정답은 무엇일까요?

① 키위 ② 자두 ③ 복숭아 ④ 파인애플

2 수수께끼 정답의 가장 안쪽에는 무엇이 있을까요?

① 씨앗 껍데기 ② 씨앗 ③ 짧은 잔털 ④ 껍질

3 빈칸에 들어갈 알맞은 단어를 보기에서 찾아 번호를 써 보세요.

보기 ① 깃털 ② 코털 ③ 잔털

(   ) 한 가닥이 삐져나왔네.

(   )을 가지런히 매만졌어.

내 피부에도 (   )이 나 있어.

일기 커튼 뒤에서

일기를 차근차근 읽고, 문제를 풀어 보세요.

동생이랑 커튼 뒤에 숨기로 했다.
아빠가 지나가는 순간, 짠 나타나면 아빠는 깜짝 놀라
눈이 동그래지고, 입이 쩍 벌어지고, 소리도 지를 것이다.
나랑 동생은 웃음을 참으며 커튼 뒤에 섰다.
그런데 갑자기 동생이 무섭다고 했다.
엄마가 없어서 무섭다, 어두워서 무섭다, 유령이 나올까 봐 무섭다.
줄줄이 무서운 말만 했다. 아이참, 나도 점점 무서워졌다.
그래서 오늘의 깜짝 등장*은 실패했다.

어휘 체크
★ 등장 | 무대 등으로 나옴

1 내가 점점 무서워진 이유는 무엇일까요?

① 엄마가 없어서　　　② 아빠가 화낼까 봐서
③ 동생이 무서운 생각을 말해서　　　④ 점점 어두워져서

2 깜짝 등장을 했다면 아빠가 어떤 표정을 지었을지 상상하며 그려 보세요.

동요 : 길로 길로 가다가

동요 가사를 차근차근 읽고, 문제를 풀어 보세요.

길로 길로 가다가 못을 하나 주웠네
주운 못을 남 줄까 낫*이나 만들지
만든 낫을 남 줄까 꼴*이나 베지
벤 꼴을 남 줄까 말이나 먹이지

어휘 체크
★ 낫 | 풀 등을 벨 때 쓰는 'ㄱ'자 모양의 도구
★ 꼴 | 말이나 소에게 먹이는 풀

1 길을 가다가 어떤 일이 일어났나요?

① 넓은 들판을 만났어요.
② 친구를 만났어요.
③ 낫을 주웠어요.
④ 못을 주웠어요.

2 가사에서 벌어지는 일의 순서대로 번호를 써 보세요.

(①)   ( )

( )   ( )

동시: 박수받는 똥

동시를 차근차근 읽고, 문제를 풀어 보세요.

지렁이가 누는 똥은 색깔 똥
무지갯빛 예쁘다고 박수 짝짝 치는 똥
아기가 누는 똥은 바나나 똥
엄마 아빠 잘했다고 박수 짝짝 치는 똥
보리밥 먹고 누는 똥은 뿡 방귀 똥
밤에 누는 똥은 깜깜한 밤똥
꾀부리며 누는 척하는 똥은 꾀똥

똥똥 얘기 너무 많으니 지우라고요?
내 지우개가 누는 똥은 북북 똥
쓱쓱 썼다 북북 지웠다 열심히 똥
공부했단 말이에요 북북 똥
얼른 박수 쳐 주세요, 짝짝

1 박수받는 이유가 잘못 연결된 것은 무엇일까요?

① 아기-바나나처럼 생긴 건강한 똥을 누어서
② 지우개-북북 소리 내며 똥을 누어서
③ 지렁이-색깔별로 예쁜 똥을 누어서
④ 지우개-열심히 공부해야 똥을 누어서

2 그림과 알맞은 똥의 이름을 동시에서 찾아 빈칸에 써 보세요.

  똥

  똥

수수께끼: 바람이 안 불면 흔들리는 나는?

수수께끼를 차근차근 읽고, 문제를 풀어 보세요.

나는 동글동글 보름달처럼 생기기도 했고

보름달의 딱 반, 반달처럼 생기기도 했지.

바람이 불면 흔들리지 않지만, 바람이 안 불면 흔들려.

내 이름은 파리채, 잠자리채랑 비슷해.

하지만 난 파리랑 잠자리는 안 잡아.

더위*를 잡고, 땀도 날려 버린다고.

바람은 못 잡아도 날 한 손에 꼭 잡을 수는 있어. 나는 무엇일까?

어휘 체크
★ 더위 | 여름철의 더운 기운

1 수수께끼의 정답은 무엇일까요?

① 에어컨　　② 부채　　③ 선풍기　　④ 아이스크림

2 그림을 보고, 보름달에 ○, 반달에 ✔ 해 보세요.

(　　)　　(　　)　　(　　)　　(　　)

3 수수께끼 정답의 특징이 아닌 것은 무엇일까요?

① 모양이 한 가지예요.　　② 시원하게 해 줘요.

③ 손에 쥘 수 있어요.　　④ 땀 날 때 부쳐요.

일기 — 고구마 풍년

일기를 차근차근 읽고, 문제를 풀어 보세요.

할머니의 고구마밭에 올해 고구마가 풍년*이라고 했다.
그래서 온 가족이 한자리에 모였다.
아빠, 엄마, 이모, 이모부, 나, 대장은 할머니!
아빠랑 이모부가 밭에서 고구마 넝쿨을 걷어 냈다.
엄마랑 이모는 밭을 덮은 검은색 비닐을 걷어 냈다.
그런 다음 모두 쪼그리고 앉아서 흙을 살살 파헤쳤다.
줄기를 잡아당기니 고구마가 줄줄이 딸려 나와서
기분이 너무 좋았다.

어휘 체크
★ 풍년 | 심은 곡식이 잘 자라서 많은 양을 거둬들이는 해

1 고구마밭에서 일한 사람은 모두 몇 명인지 써 보세요.

밭에서 모두 (　　　)명이 고구마를 캤어요.

2 고구마를 캐는 순서대로 번호를 써 보세요.

(　　)　　(　　)　　(　　)　　(　　)

동요 굴속의 작은 곰

동요 가사를 차근차근 읽고, 문제를 풀어 보세요.

굴속의 작은 곰
새봄*이 왔는데
잠만 자네요
잠자는 모습이 웃겨
코를 골고 자네 쿨쿨
깜짝 놀라 일어나
먹을 것을 보더니
맛있게도 먹는다

어휘 체크
★ 새봄 | 겨울을 보내고 맞이하는 첫봄

1 작은 곰이 있는 장소는 어디일까요?

① 숲　　　② 성　　　③ 굴　　　④ 강

2 작은 곰이 행동한 순서대로 번호를 써 보세요.

잠을 자요.　　먹이를 먹어요.　　코를 골아요.　　깜짝 놀라 일어나요.
(　　)　　　　(　　)　　　　　(　　)　　　　(　　)

동시: 들락날락

동시를 차근차근 읽고, 문제를 풀어 보세요.

창문으로 햇빛이 들락날락*
콧구멍으로 바람이 들락날락
대문으로 친구들이 들락날락
왜 그러니 들락날락?

반짝반짝 얼굴이 빛나라고
벌렁벌렁 신바람* 나라고
까불까불 너랑 실컷 놀려고
온 세상이 나를 위해 들락날락

어휘 체크
★ 들락날락 | 자꾸 들어왔다 나갔다 하는 모양
★ 신바람 | 신나서 우쭐해지는 기운

1 동시의 내용으로 알맞은 것은 무엇일까요?

① 창문으로 달빛이 들어왔어요.
② 방 안에 밝은 불을 켰어요.
③ 친구들이 대문으로 들어왔어요.
④ 귓속으로 바람이 들어왔어요.

2 그림에 어울리는 표현이 되도록 알맞은 글자를 찾아 ○ 해 보세요.

햇빛이
(반) 짝 쩍 반 쪽 쩍 짝

콧구멍이
(벌) 렁 랑 렁 벌 발 렁

친구와
(까) 볼 불 까 줄 룰 불

수수께끼: 빗방울이 미끄럼 타는 산은?

수수께끼를 차근차근 읽고, 문제를 풀어 보세요.

내가 홀쭉하면 긴 막대 돼서, 밤송이를 툭 쳐 떨어뜨려요.

내가 홀쭉하면 든든한 지팡이 돼서, 허리 아픈 할머니를 도와요.

화창한 날 내가 활짝 피면 내 안에 쏙 들어와 소꿉놀이해요.

내가 집 지붕이래요.

비 오는 날 내가 활짝 피면 빗방울 친구들이 신나요.

내가 미끄럼틀이래요.

빗방울 친구들이 적으면 톡톡, 많으면 차락차락 소리 내며 타지요.

나는 무엇일까요?

어휘 체크
★ **동산** | 마을 근처에 있는 작은 산이나 언덕
★ **등긁이** | 끝이 갈퀴처럼 생겨 등을 긁기 위해 만든 물건

1 수수께끼의 정답은 무엇일까요?

① 종이배　　② 동산★　　③ 우산　　④ 잠자리채

2 그림에 어울리는 소리를 표현한 단어를 동시에서 찾아 빈칸에 써 보세요.

3 수수께끼 정답에 대한 설명으로 알맞지 않은 것은 무엇일까요?

① 막대처럼 밤송이를 툭 쳐요.　　② 등긁이★처럼 등을 긁어요.

③ 지팡이처럼 짚어요.　　④ 집처럼 들어가 소꿉놀이해요.

일기 : 내 마음대로 택배

일기를 차근차근 읽고, 문제를 풀어 보세요.

> 우리 집 택배는 다 엄마 이름으로 온다.
> 아빠도 엄마 허락을 받아야 해서 엄마 이름으로 시킨다.
> 엄마는 무겁다고 택배로 화장지도, 쌀도 산다.
> 엄마는 싸다고 택배로 라면도, 복숭아도, 주스도, 옷도 산다.
> 하지만 내가 사고 싶은 게 있으면 "꼭 필요해?"라고 물어본다.
> 내 이름으로 택배가 오면 두근두근 기대될 것 같다. 온종일 행복할 것 같다.
> 나도 빨리 어른이 되어서 마음대로 택배를 받고 싶다.

1 우리 집 택배에 대한 설명으로 알맞은 것은 무엇일까요?

① 엄마는 무거운 물건을 택배로 사요.
② 아빠는 사고 싶은 것을 마음대로 사요.
③ 일주일에 한 번은 내 이름으로 택배가 와요.
④ 택배는 시킨 사람 이름으로 와요.

2 내 이름으로 택배를 받으면 어떤 기분일까요?

①  ②  ③  ④

동요: 잘잘잘

동요 가사를 차근차근 읽고, 문제를 풀어 보세요.

하나 하면 할머니가 지팡이를 짚는다고 잘잘잘
둘 하면 두부 장수 두부를 판다고 잘잘잘
셋 하면 새색시가 거울을 본다고 잘잘잘
넷 하면 냇가에서 빨래를 한다고 잘잘잘
다섯 하면 다람쥐가 도토리를 줍는다고 잘잘잘
여섯 하면 여학생이 공부를 한다고 잘잘잘
일곱 하면 일꾼들이 나무를 벤다고 잘잘잘
여덟 하면 엿장수가 호박엿을 판다고 잘잘잘
아홉 하면 아버지가 신문을 본다고 잘잘잘
열 하면 열무* 장수 열무가 왔다고 잘잘잘

어휘 체크
★ 열무 | 주로 김치를 담가 먹는 어린 무

1 가사에 나오지 않는 사람은 누구일까요?

① 할머니　　② 새색시　　③ 엿장수　　④ 어머니

2 가사 내용을 알맞게 그린 그림은 무엇일까요?

① 하나 하면　　② 열 하면　　③ 다섯 하면　　④ 둘 하면

동시: 우리 집 웃음꽃

동시를 차근차근 읽고, 문제를 풀어 보세요.

봄이 찾아오면 피어나요 꽃분홍 진달래꽃

밤이 찾아들면 피어나요 샛노란 달맞이꽃

맛난 열매 전에 피어나요 새하얀 귤꽃

우리나라 하면 떠올라요 피고 또 피고 무궁화꽃

우리 집에도 찾아와요 쫑알쫑알 이야기꽃

이야기꽃 피니까 하하 호호 따라와요 우리 집 웃음꽃

1 동시의 내용으로 알맞지 않은 것은 무엇일까요?

① 진달래꽃은 여름에 피어요. ② 우리나라 꽃은 무궁화예요.

③ 귤꽃이 지면 귤이 열려요. ④ 달맞이꽃은 밤에 피어요.

2 꽃과 이름을 알맞게 선으로 연결해 보세요.

진달래꽃   귤꽃   달맞이꽃   웃음꽃

수수께끼: 사람 안에 있는 집은?

수수께끼를 차근차근 읽고, 문제를 풀어 보세요.

나는 집은 집인데 색다른* 집이에요.

안경을 넣어 두는 안경집이냐고요? 아니요.

동시가 적혀 있는 책, 동시집이냐고요? 아니요.

나는 사람 안에 있는 집이에요.

아하, 피부에 물이 차 부풀어 오른 물집이냐고요? 아닌데요.

아하, 자다 깨서 헝클어진 머리 모양, 까치집이냐고요? 아닙니다.

절대로 답을 알려 주지 않는 마음속 버티기 대장이에요. 나는 무엇일까요?

어휘 체크
★ 색다르다 | 보통의 것과 다른 특별함이 있다.

1 수수께끼의 정답은 무엇일까요?

① 고집　　② 옆집　　③ 벌집　　④ 오두막집

2 그림의 이름을 수수께끼에서 찾아 빈칸에 써 보세요.

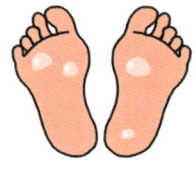

3 빈칸에 수수께끼의 정답이 들어갈 수 있는 문장은 무엇일까요?

① 마술사가 새가 사라지는 (　　)을 부렸어요.

② 동생이 밥을 절대 안 먹겠다고 (　　)을 부렸어요.

오늘의 상상 일기

일기를 차근차근 읽고, 문제를 풀어 보세요.

20XX년 X월 X일

일기 쓸 게 없어서 몸이 배배 꼬였다. 그러다 생각났다.

우리 동네 강에서 용이 솟아오르더니 구름 속으로 사라졌다.

그러자 구름에서 번개가 치고 주먹만 한 우박*이 떨어졌다.

나는 바깥에서 우박을 잔뜩 모았다.

그리고 우박에 구멍을 뚫어서 막대에 세 개씩 꽂았다.

용용 우박 꼬치라고 이름 붙여 팔아 볼까 생각했다.

누군가 내 일기를 보면 '이런 일이 있었다니!' 하고 깜짝 놀라겠지?

머릿속으로 한 일도 일이니까.

동화책을 많이 봐서 이런 일기를 쓰나 보다.

어휘 체크

★ 우박 | 큰 물방울들이 공중에서 찬 기운을 만나 떨어지는 얼음덩어리

1 일기 속 이야기는 어디에서 일어났을까요?

① 강   ② 골목   ③ 머릿속   ④ 우주

2 일기에서 일어나지 않은 일은 무엇일까요?

①  ②  ③ 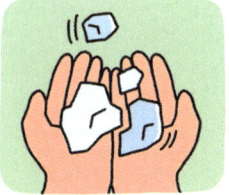 ④

동요 가자 가자 감나무

동요 가사를 차근차근 읽고, 문제를 풀어 보세요.

가자 가자 가자 감나무, 오자 오자 오자 옻나무
십 리*에 절반인 오리나무, 열아홉 다음에 스무나무*
방귀 뽕뽕 뀐다 뽕나무, 아무리 낮에 봐도 밤나무
다섯 동강*이 난 오동나무, 덜덜 떠는 사시나무*
바람 솔솔 불어 소나무, 따끔 따끔 따끔 가시나무
너하고 나하고 살구나무, 거짓말 못 해요 참나무
쪽쪽 입 맞춘다 쪽나무, 마당을 쓸어라 싸리나무*
가다 자빠졌다 잣나무, 앵돌아진* 앵두나무

어휘 체크

★ **리** | 옛날에 거리를 재던 단위
★ **스무나무** | 산기슭이나 개울가에서 자라며 나무는 땔감, 잎은 사료로 쓰는 나무. 원래 이름은 시무나무이다.
★ **동강** | 긴 물체가 작은 토막으로 끊어지는 모양
★ **사시나무 떨듯** | 몹시 떠는 모양
★ **싸리나무** | 빗자루의 재료가 되는 나무
★ **앵돌아지다** | 분하고 섭섭해서 토라지다.

1 말놀이와 나무 이름을 잘못 말한 것은 무엇일까요?

① 따끔따끔해서 가시나무   ② 방귀 뽕뽕 뀌어서 뽕나무
③ 쪽쪽 입 맞춰서 쪽나무   ④ 사나워서 사시나무

2 가사에 맞게 말놀이와 나무를 선으로 연결해 보세요.

| 아무리 낮에 봐도 | 너하고 나하고 | 앵돌아진 | 바람 솔솔 불어 |

| 살구나무 | 소나무 | 밤나무 | 앵두나무 |

동시

뿔뿔뿔

동시를 차근차근 읽고, 문제를 풀어 보세요.

할머니는 뿔뿔이* 헤어지는 게 무섭대요

흩어져서 못 만나는 게 가장 무섭대요

할머니는 쥐뿔도 모르는* 사람이 답답하대요

하나부터 열까지 다 알려 줘야 해서 답답하대요

할머니는 내 고뿔*이 가장 싫대요

콧물 나고, 기침 나고, 열나고

세상에서 가장 싫대요.

어휘 체크
- ★ 뿔뿔이 | 제각기 따로 흩어지는 모양
- ★ 쥐뿔도 모르다 | 아무것도 모르다.
- ★ 고뿔 | 감기를 다르게 부르는 말

1 할머니가 내 고뿔을 싫어하는 이유는 무엇일까요?

① 내가 아픈 게 싫어서　　② 나와 헤어지기 싫어서

③ '뿔' 자가 들어가서　　④ 자세히 알려 줘야 해서

2 말뜻을 잘못 이해한 어린이는 누구일까요?

① 보물찾기를 하려면 여기서 **뿔뿔이** 흩어지자!

② 저게 귀뚜라미가 아니라 여치라고? 난 귀뚜라미에 대해 **쥐뿔**도 몰랐군.

③ **고뿔**보다는 소뿔이 더 멋져. 난 작은 뿔은 싫더라.

일기 — 으스스 대소동

일기를 차근차근 읽고, 문제를 풀어 보세요.

아빠랑 〈으스스 대소동〉 영화를 보러 갔다.

앞에서 두 번째 줄, 가운데가 내 자리였고, 아빠는 내 왼쪽에 앉으셨다.

그런데 내 앞자리에 키가 아주 큰 아저씨가 앉아 있었다.

화면이 잘 안 보여서 속상해하니 아빠가 자리를 바꿔 주셨다.

영화에 유령이 나와서 조그만 애들은 무섭다고 소리를 질렀다.

진짜 으스스할 줄 알았는데 괜찮은 걸 보니 내가 많이 컸나 보다.

그래도 닫힌 문틈 아래로 유령이 종잇장*처럼

쓱 들어올 때는 아주 조금 놀랐다.

어휘 체크
★ 종잇장 | 종이의 낱장

1 내가 영화를 본 자리를 찾아 ○ 해 보세요.

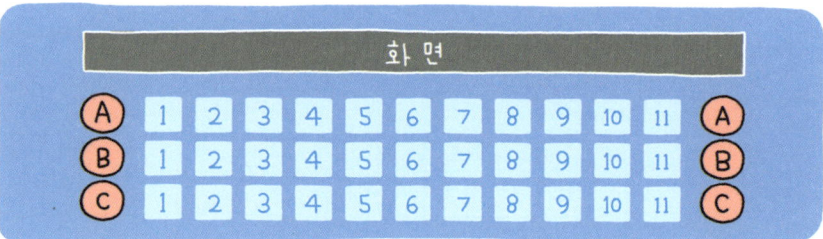

2 내가 보고 놀랐던 영화 장면은 무엇일까요?

일기: 건넛집 새 친구

일기를 차근차근 읽고, 문제를 풀어 보세요.

오늘은 아침부터 밖이 시끄러웠다.

민희가 살던 건넛집*에 누군가 새로 이사를 왔다.

저녁을 먹고 있는데 나만 한 아이가 찾아왔다.

이사했다고 팥시루떡*을 들고 인사를 온 것이다.

우리 집으로 건너오는 사이 눈을 맞아서 머리가 하얗게 변했다.

엄마가 "우리 애는 효주인데, 넌 이름이 뭐니?" 하고 물으셨다.

이름이 효린이라고 했다. 왠지 효린이와 단짝이 될 것 같은 느낌이 든다.

어휘 체크
★ 건넛집 | 건너편에 있는 집
★ 팥시루떡 | 떡가루에 삶은 팥을 섞어 찐 떡

---

1 일기를 쓴 날의 날씨는 어땠을까요?

①    ②    ③    ④

2 일기 쓴 아이와 이사 온 아이의 알맞은 이름을 선으로 연결해 보세요.

- 일기 쓴 아이 •   • 효주
- 이사 온 아이 •   • 민희
-                 • 효린

3 일기의 내용으로 알맞은 것은 무엇일까요?

① 민희가 놀러 왔다.   ② 하루 종일 조용했다.
③ 건넛집에 이사를 왔다.   ④ 아랫집에 이사를 왔다.

감상문: 〈피터 팬〉을 보고

감상문을 차근차근 읽고, 문제를 풀어 보세요.

내가 좋아하는 책 《피터 팬》을 뮤지컬로 보았다.
뮤지컬은 이야기에 음악과 노래, 춤이 함께해서
보는 내내 엉덩이가 들썩들썩할 정도로 신났다.
가장 최고였던 장면은 뮤지컬 시작 부분이었다.
피터 팬과 팅커 벨이 무대가 아니라 객석* 맨 뒤에서 등장했다.
줄에 매달려 진짜 날아가듯이 내 머리 위를 지나갔다.
뜻밖이라서 모두 깜짝 놀랐고, 박수가 나올 만큼 멋졌다.
후크 선장이 캄캄한 무대에서 긴 칼을 번쩍이며 나올 때는
바싹 긴장되어 어깨가 움츠러들었다.
또 악어는 나오지도 않았는데 악어의 '악' 소리만 나도
후크 선장이 벌벌 떨어서 너무 웃겼다.
게다가 해적들이 후크 선장을 놀리려고 '벌벌 뻘뻘 벌벌 뻘뻘'
노래를 부르며 우스꽝스러운 춤까지 춰서 배꼽이 빠지게* 웃었다.

어휘 체크
★ **객석** | 극장 등에서 손님들이 앉는 자리
★ **배꼽이 빠지다** | 몹시 우습다.

1 무엇을 보고 쓴 감상문일까요?

① 뮤지컬　　② 영화　　③ 동화책　　④ 인형극

2 뮤지컬에 나오는 것을 **모두** 찾아 빈칸에 ✔ 해 보세요.

☐ 음악　　☐ 춤　　☐ 인형　　☐ 노래

3 뮤지컬에서 모습은 안 나오고 이름만 나오는 것은 누구일까요?

4 다음 장면을 보고, 느낀 점을 알맞게 선으로 연결해 보세요.

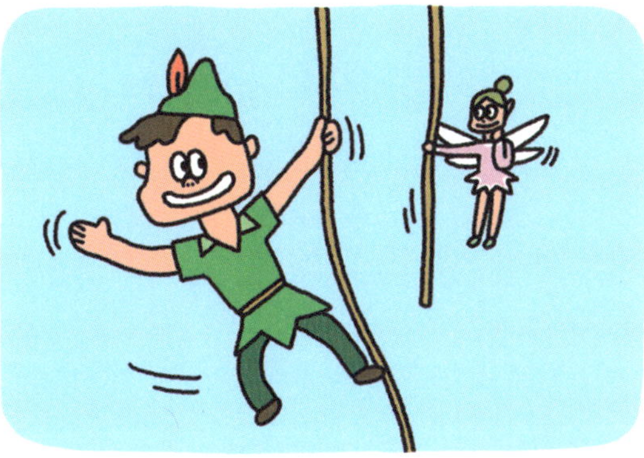

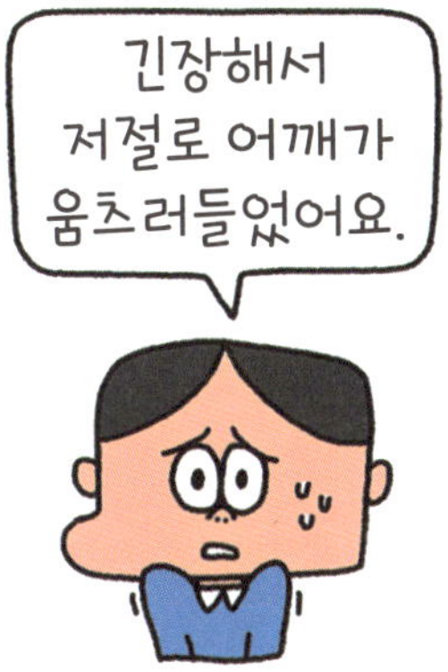

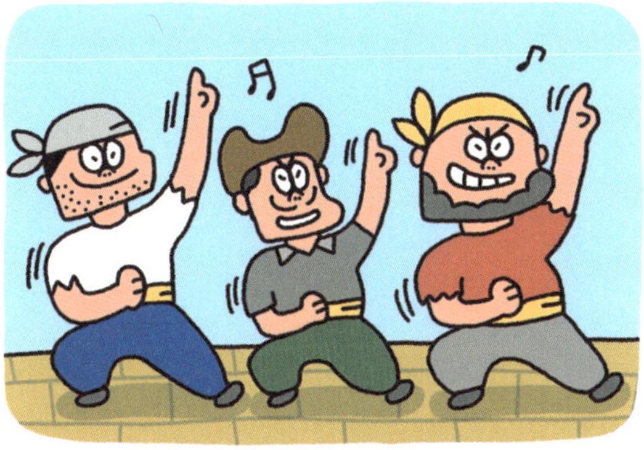

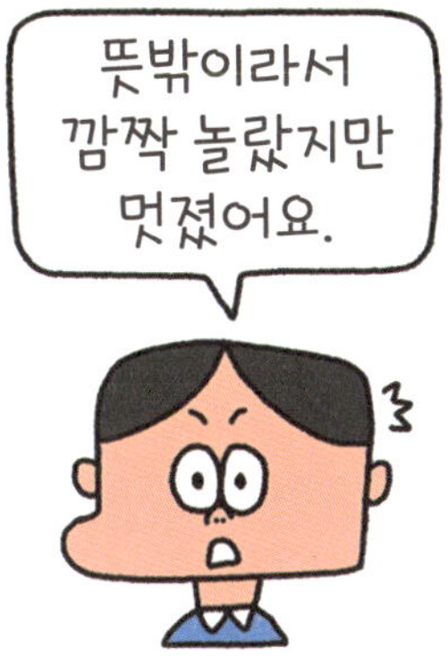

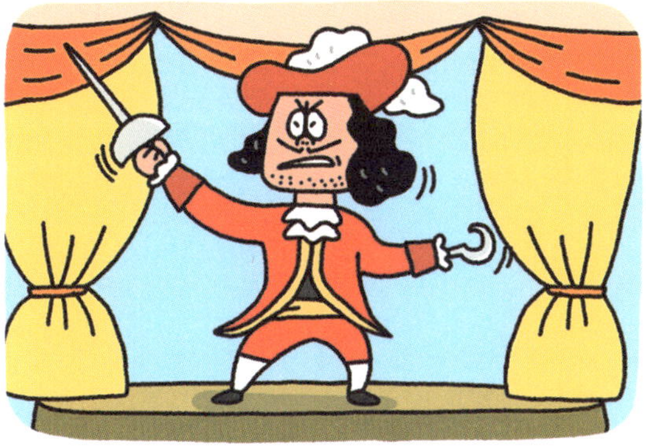

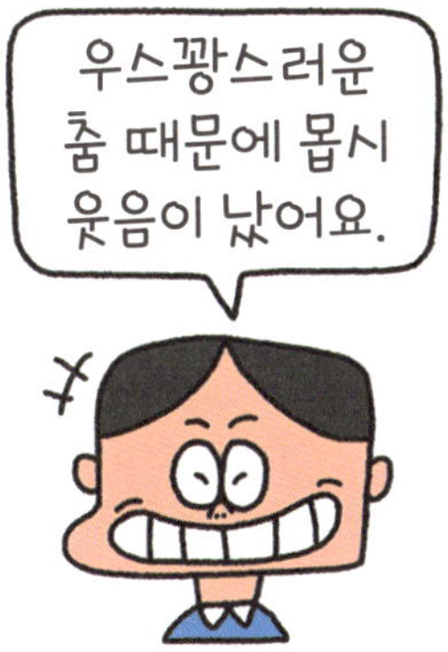

감상문: 점, 점, 점이 모인 그림

감상문을 차근차근 읽고, 문제를 풀어 보세요.

프랑스 화가인 조르주 피에르 쇠라의 〈그랑드자트섬의 일요일 오후〉라는 그림을 보았어요. 햇살이 눈부시고, 따뜻한 날인 게 느껴졌어요. 양산*을 쓴 사람도 많았고, 잔디밭이 연둣빛으로 빛났거든요. 잔디밭을 자세히 보려고 그림을 들여다봤더니 수많은 점이 가득해서 깜짝 놀랐어요. 쇠라는 남들과 다른 방법으로 그림을 그리고 싶었대요. 물감을 묻힌 붓으로 선을 그리고 칠하는 대신, 아주 작은 점을 무수히* 찍어서 그림을 완성했지요. 이런 그림을 '점묘화'라고 해요. 작고 작은 색깔 점들이 잔뜩 모이니까 잔디밭이 부드러워 보였어요. 마치 털이 짧은 강아지를 쓰다듬는 것처럼요. 쇠라의 그림은 정말 멋지지만 난 그렇게 그리지 못할 것 같아요. 점을 셀 수 없이 많이 찍으면 팔이 아플 것 같거든요. 오늘은 세상에서 가장 많은 점을 본 멋진 날이에요.

어휘 체크
★ **양산** | 햇볕을 가리기 위해 쓰는 우산 모양의 물건
★ **무수히** | 셀 수 없이 많이

1 어떤 종류의 작품을 보고 쓴 감상문일까요?

① 수수깡을 붙여 만든 작품
② 색종이를 가위로 오려 붙인 작품
③ 물감과 붓으로 그린 작품
④ 찰흙을 빚어 만든 작품

2 가로세로 낱말 퍼즐을 풀어 보세요.

3 내가 본 그림을 찾아 ○ 해 보세요.

( )　　　　　　　( )

4 쇠라의 그림을 보고 느낀 점이 아닌 것은 무엇일까요?

① 커다란 점이 찍힌 그림에 깜짝 놀랐어요.

② 잔디밭이 부드러워 보였어요.

③ 점묘화는 멋지지만 나는 못 그릴 것 같아요.

④ 오늘은 가장 많은 점을 본 멋진 날이에요.

전래 동화
재주 많은 다섯 친구

전래 동화를 차근차근 읽고, 문제를 풀어 보세요.

옛날 옛적에, 재주 많은 다섯 친구한테 호랑이들이 내기하자고 했어.

이겨도 잡아먹고, 져도 잡아먹으려는 나쁜 속셈*이었지.

첫 번째는 나무하기* 내기! 다섯 친구가 나무를 쑥쑥 뽑아 이겼어.

두 번째는 둑 쌓기 내기! 단지*손이가 큰 바위로 강둑*을 뚝딱 완성했어.

세 번째는 나무 쌓기 내기! 이것도 물론 다섯 친구가 이겼지.

계속 지자 약이 오른 호랑이들은 쌓은 나무에 불을 질렀어.

하지만 다섯 친구가 가만히 당할쏘냐.

오줌손이가 오줌을 누니까, 넘실넘실 강이 되어 불이 꺼졌어.

배손이가 배를 띄우자, 다섯 친구가 올라탔어.

콧김손이가 콧김을 세게 불자, 오줌 강이 꽁꽁 얼었어.

그럼 다섯 호랑이들은? 강이랑 같이 꽁꽁 얼어붙었지.

그러고는 무쇠*손이가 휙 뻗은 무쇠 발에 맞아 꼴까닥하고 말았대.

어휘 체크

★ **속셈** | 마음속으로 하는 생각이나 계획
★ **나무하다** | 땔감으로 쓸 나무를 베거나 모으다.
★ **단지** | 목이 짧고 배가 부른 작은 항아리
★ **강둑** | 강이 흘러넘치지 않도록 막으려고 높게 쌓은 언덕
★ **무쇠** | 아주 단단하고 강한 쇠

1 다섯 친구가 특별하게 가진 것은 무엇일까요?

① 마음　　② 보물　　③ 재주　　④ 말솜씨

2 호랑이들과 한 내기가 아닌 것은 무엇일까요?

① 나무하기 내기　　② 둑 쌓기 내기　　③ 배 타기 내기　　④ 나무 쌓기 내기

3 그림 속 등장인물의 이름을 빈칸에 써 보세요.

4 동화의 내용으로 알맞은 것은 무엇일까요?

① 다섯 친구가 호랑이들에게 내기하자고 했어요.

② 호랑이들은 다섯 친구를 잡아먹을 속셈이었어요.

③ 호랑이들은 세 번의 내기에서 모두 이겼어요.

④ 다섯 친구들은 호랑이들한테 잡아먹혔어요.

명작 동화
늑대와 일곱 마리 아기 염소

명작 동화를 차근차근 읽고, 문제를 풀어 보세요.

엄마 염소가 집을 나간 사이, 늑대가 엄마 염소인 척 목소리를 곱게 바꾸고,

밀가루로 발을 하얗게 칠했어요.

일곱 마리 아기 염소들은 깜빡 속아 문을 열어 주었지요.

늑대를 본 아기 염소들은 허겁지겁* 숨었어요.

식탁 밑에, 의자 뒤에, 이불 속에, 바구니 속에,

침대 아래에, 장식장 안에요!

하지만 늑대가 다 찾아내 통째로 꿀꺽 잡아먹었어요.

딱 한 마리, 괘종시계* 속 아기 염소만 빼고요.

집에 돌아온 엄마 염소는 괘종시계 속 아기 염소를 꼭 안아 주고,

늑대를 찾아 나섰어요.

늑대는 나무 그늘에서 쿨쿨 잠자고 있었지요.

엄마 염소는 늑대 배를 가위로 잘라 배 속의 아기 염소들을 모두 꺼냈어요.

아기 염소들은 돌로 늑대 배를 채웠고, 엄마 염소는 배를 꿰맸지요.

잠에서 깬 늑대는 배가 너무 무거워서 우물에 풍덩 빠지고 말았답니다.

어휘 체크
★ **허겁지겁** | 몹시 허둥대는 모양
★ **괘종시계** | 시간마다 종이 울리는 시계

1 늑대가 잡아먹은 아기 염소의 수만큼 선으로 묶어 보세요.

2 빈칸에 들어갈 알맞은 단어를 선으로 연결해 보세요.

- ☐ 속은 아기 염소들 • • 허겁지겁
- ☐ 숨었어요. • • 꿀꺽
- ☐ 잡아먹었어요. • • 깜빡

3 일곱 마리 아기 염소가 숨지 않은 곳을 찾아 ○ 해 보세요.

4 동화에서 벌어지는 일의 순서대로 번호를 써 보세요.

( )   ( )   ( )   ( )

창작 동화

곰 할아버지의 선물

창작 동화를 차근차근 읽고, 문제를 풀어 보세요.

다람쥐 꼬미는 속상했어요. 키가 쑥쑥 크지 않아서요.

어느 날, 실컷 낮잠을 자다가 밤에 눈을 뜬 꼬미는

마을을 돌아다니다가 불이 환한 오두막 안을 들여다보았어요.

곰 할아버지가 아주 작은 장난감을 만들고 있었지요.

꼬미는 장난감이 너무 궁금해서 곰 할아버지가 잠든 사이 타고 놀았어요.

계단을 올라가 씽씽 미끄러져 내려오는 게 무척 재미있었어요.

꼬미가 까르르 웃는 소리에 곰 할아버지가 잠에서 깼어요.

"오호! 딱 맞는 손님이 오셨군. 너한테 선물로 주마!"

다음 날부터 꼬미 집 앞에 작은 동물 친구들이 줄을 섰어요.

곰 할아버지의 선물을 너도나도 한 번씩 타 보려고요.

그리고 그날부터 꼬미는 키가 쑥쑥 자랐어요.

친구들과 놀면서 낮에 해를 듬뿍 쬐고, 밤에 단잠*을 잤기 때문이지요.

어휘 체크

★ 단잠 | 아주 달게 곤히 자는 잠

1 꼬미는 어떤 동물일까요?

① 두더지　② 생쥐　③ 다람쥐　④ 청설모

2 곰 할아버지가 꼬미한테 준 선물은 무엇일까요?

① 시소

② 미끄럼틀

③ 비행기

④ 배

3 꼬미는 왜 키가 쑥쑥 자라게 되었을까요?

① 장난감을 혼자 갖고 놀아서

② 친구들이 모두 부러워해서

③ 곰 할아버지와 친구가 되어서

④ 낮에는 햇볕을 쬐고, 밤에는 잘 자서

4 동화의 내용으로 알맞지 않은 것은 무엇일까요?

① 꼬미는 키가 쑥쑥 크지 않아서 속상했어요.

② 곰 할아버지는 꼬미한테 미끄럼틀을 선물했어요.

③ 곰 할아버지 집에 같이 가려고 친구들이 찾아왔어요.

④ 미끄럼틀은 꼬미한테 딱 맞는 크기였어요.

전래 동화
견우와 직녀

전래 동화를 차근차근 읽고, 문제를 풀어 보세요.

옛날 옛적 하늘 나라에 견우와 직녀가 살았어요.

견우는 농사를 잘 지었고, 직녀는 옷감을 잘 짰어요.

결혼을 한 견우와 직녀는 잠시도 떨어져 있지 않았어요.

그러다 보니 농사짓기와 옷감 짜기를 게을리했지요.

결국 하늘 나라 사람들은 곡식과 옷감이 모자라 힘들었어요.

가만히 지켜보던 옥황상제*가 견우와 직녀에게 큰 벌을 내렸어요.

"견우는 하늘의 동쪽에서 농사짓고, 직녀는 하늘의 서쪽에서 옷감을 짜거라.

그러다 1년에 딱 하루, 7월 7일에만 만나거라!"

오늘이 바로 그날이에요! 그런데 둘 사이에 깊은 은하수*가 있었어요.

둘은 먼 곳에서 눈물만 흘렸지요. 눈물은 곧 땅에 홍수*를 일으켰어요.

그때 어디선가 까마귀와 까치 떼가 날아오더니 다리가 되어 주었어요.

이 다리 덕분에 아직도 매년 견우와 직녀가 만날 수 있답니다.

어휘 체크
- ★ 옥황상제 | 하늘을 다스리는 신
- ★ 은하수 | 하늘의 별 등이 무리 지어 강처럼 펼쳐진 곳
- ★ 홍수 | 비가 많이 와서 강이나 개천에 크게 불은 물

1 견우와 직녀가 사는 곳은 어디일까요?

① 물속 용궁　　② 하늘 나라　　③ 땅속 왕국　　④ 달나라

2 견우와 직녀가 만날 수 있는 날을 빈칸에 숫자로 써 보세요.

☐ 월　☐ 일

3 견우와 직녀 사이에 다리가 되어 준 새를 모두 찾아보세요.

① 까치 ② 참새 ③ 까마귀 ④ 기러기

4 견우와 직녀에 대한 설명이 잘못된 것은 무엇일까요?

① 직녀는 옷감을 잘 짰어요.
② 견우는 농사를 잘 지었어요.
③ 직녀는 하늘에, 견우는 땅에 살았어요.
④ 견우와 직녀는 1년에 딱 하루만 만날 수 있었어요.

5 동화에서 벌어진 일이 아닌 것은 무엇일까요?

명작 동화

꼬마 생쥐가 본 괴물

명작 동화를 차근차근 읽고, 문제를 풀어 보세요.

꼬마 생쥐는 쥐구멍 밖 세상이 무척 궁금했어요.

"엄마, 이제 저도 다 컸으니 바깥 구경을 하고 싶어요."

"그러려무나, 그 대신 밖에서 본 걸 엄마한테 다 말해 주렴."

꼬마 생쥐는 나간 지 얼마 되지 않아 덜덜 떨며 돌아왔어요.

"엄마, 밖에는 괴물이 있었어요. 빨갛고 뾰족한 모자를 쓰고, 날카로운 주둥이와 갈고리* 같은 발톱까지 가졌어요. 게다가 제가 귀여운 동물에게 다가가려는데 '꼬끼오' 하고 울었어요. 귀여운 동물도 놀랐는지, 저를 반기듯이 꼬리를 살랑이다가 보드라운 털을 곤두세웠어요."

엄마 생쥐가 차분히 말했어요.

"아가, 네가 본 괴물은 수탉이란다. 무서워 보여도 곡식* 낟알*을 먹지. 귀여운 동물은 고양이란다. 순해 보여도 우리 같은 생쥐를 잡아먹지. 눈에 보이는 겉모습만 믿었다가는 큰코다친다*는 걸 잊지 마."

어휘 체크

★ **갈고리** | 끝이 뾰족하고 구부러진 물건
★ **곡식** | 쌀, 보리, 옥수수 등을 통틀어 부르는 말
★ **낟알** | 껍질을 벗기지 않은 곡식의 알
★ **큰코다치다** | 크게 나쁜 일을 당하다.

1 꼬마 생쥐가 하고 싶은 것은 무엇일까요?

① 쥐구멍 밖 첫 사냥
② 쥐구멍 밖 첫 심부름
③ 쥐구멍 밖 세상 구경
④ 쥐구멍 밖 친구 사귀기

2 동물의 이름을 빈칸에 쓰고, 꼬마 생쥐가 설명한 내용이 아닌 것을 찾아 ✔ 해 보세요.

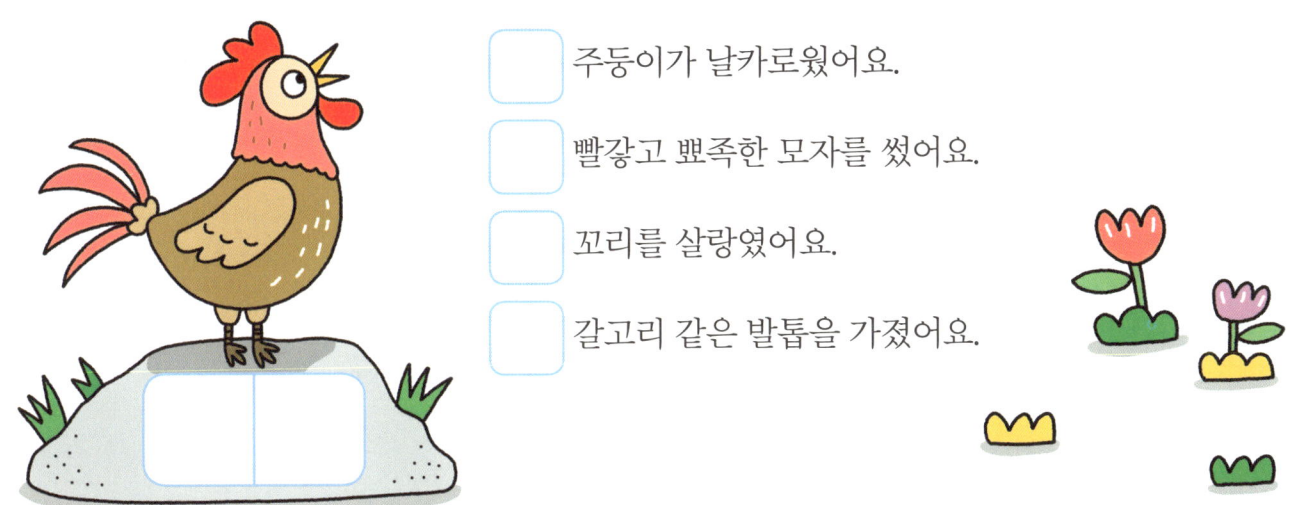

주둥이가 날카로웠어요.

빨갛고 뾰족한 모자를 썼어요.

꼬리를 살랑였어요.

갈고리 같은 발톱을 가졌어요.

3 고양이에 대한 꼬마 생쥐와 엄마 생쥐의 생각을 모두 선으로 연결해 보세요.

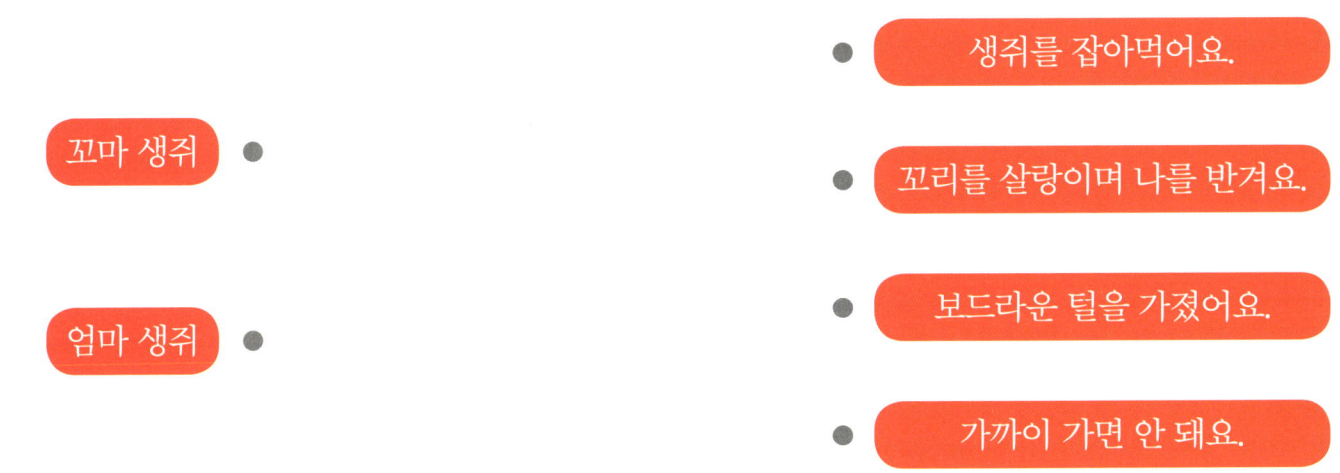

4 엄마 생쥐의 이야기가 완성되도록 알맞은 글자를 찾아 ◯ 해 보세요.

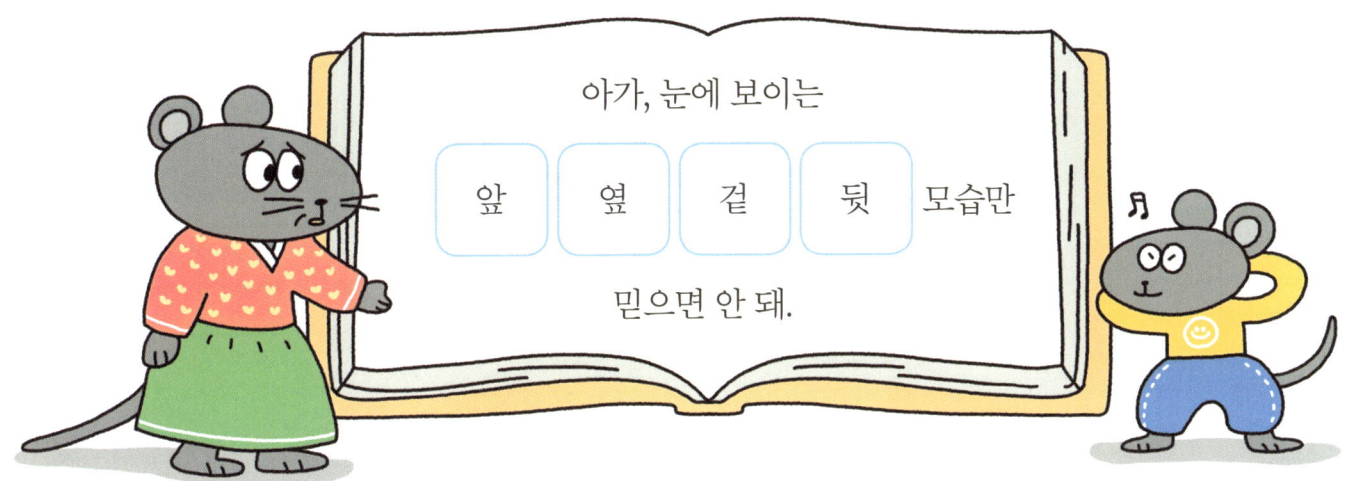

창작 동화

고래랑 가자미랑

창작 동화를 차근차근 읽고, 문제를 풀어 보세요.

서로 자기가 잘났다고 우기는 고래와 가자미가 딱 만났어.

"큼직큼직 내가 잘났지."

"납작납작 내가 잘났지."

잠자코 듣던 바다가 기막혀서* 웃으니까 파도가 철썩였어.

그 파도에 가자미가 "아야!" 하며 물 밖으로 튕겨 나갔지.

고래가 가자미를 비웃는 그때 쏙 뭔가 날아와 고래 숨구멍*에 꼭 끼었네.

고래가 숨을 못 쉬어 답답한데, 어디선가 코맹맹이* 소리가 들려.

아이코, 가자미가 고래 숨구멍에 머리부터 들어가 반쯤 낀 거야.

"고것 봐라, 커다라면 뭐 하니, 답답하지?"

"고것 봐라, 작고 납작하니까 끼었네, 답답하지?"

보다 못한 바다가 파도로 고래 배를 철썩 쳤어.

고래가 새우처럼 휘어지니까 가자미가 다시 퉁 튕겨 나왔지.

둘은 서로 더는 우기지 않고, 부끄러워서 얼른 헤어졌대.

어휘 체크
★ **기막히다** | 어떤 일이 놀랍거나 언짢아서 어이없다.
★ **고래 숨구멍** | 고래가 물 밖으로 나와 숨을 쉬는 구멍
★ **코맹맹이** | 코가 막혀서 소리를 잘 내지 못하는 상태

1 동화의 내용으로 알맞지 <u>않은</u> 것은 무엇일까요?

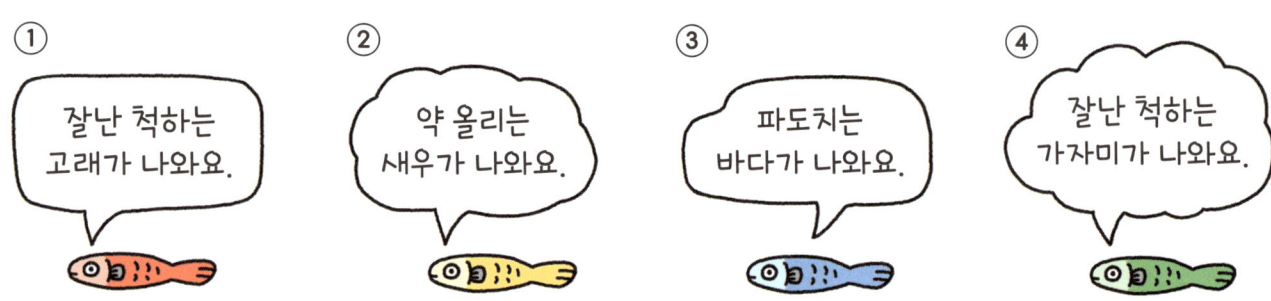

① 잘난 척하는 고래가 나와요.
② 약 올리는 새우가 나와요.
③ 파도치는 바다가 나와요.
④ 잘난 척하는 가자미가 나와요.

2. 고래와 가자미는 만나서 무엇을 했나요?

① 자기소개를 했어요.
② 자기가 더 못났다고 우겼어요.
③ 자기가 더 잘났다고 우겼어요.
④ 모두 다 파도 때문이라고 우겼어요.

3. 고래와 가자미는 파도 때문에 어떻게 되었나요?

① 서로 끼어서 답답했어요.
② 서로 끼어서 간지러웠어요.
③ 서로 끼어서 화가 났어요.
④ 서로 끼어서 재밌었어요.

4. 동화에서 벌어지는 일의 순서대로 화살표를 그려 보세요.

기행문

제주도 성산 일출봉

기행문을 차근차근 읽고, 문제를 풀어 보세요.

여름 방학에 제주도에 다녀왔어요.

여러 곳 중에서 둘째 날 오른 성산 일출봉이 특히 기억에 남아요.

이름이 '봉'으로 끝나서 봉우리*처럼 솟아 있을 줄 알았는데

정상에 넓은 벌판*이 펼쳐져서 깜짝 놀랐거든요.

마치 초록색 운동장 같았어요.

또 이쪽저쪽 다 바다가 보여서 상쾌했어요.

성산 일출봉은 화산이 폭발해서 생긴 곳이래요.

시뻘건 용암*이 흐르던 곳에 초록색 풀이 가득한 것도 신기했어요.

내려올 때는 바닷바람이 세서, 풀을 뜯는 말들의 꼬리털이 마구 휘날렸어요.

키가 큰 풀들도 바람에 출렁댔는데 꼭 파도치는 것처럼 보였지요.

성산 일출봉을 다 둘러봐서 뿌듯했고, 올라갈 때보다 내려올 때가

다리도 덜 아파서 좋았어요.

어휘 체크
★ **봉우리** | 산에서 뾰족하게 높이 솟은 부분
★ **벌판** | 넓게 펼쳐진 평평한 땅
★ **용암** | 화산에서 뿜어져 나온 매우 뜨거운 물질

1 어디에 다녀와서 쓴 기행문일까요?

① 제주도에 있는 운동장
② 제주도에 있는 벌판
③ 제주도에 있는 다리
④ 제주도에 있는 성산 일출봉

❷ 성산 일출봉을 오르내리면서 보지 않은 것은 무엇일까요?

① 바다　　　② 벌판　　　③ 용암　　　④ 말

❸ 성산 일출봉에서 보고, 느낀 점을 찾아 선으로 연결해 보세요.

성산 일출봉
정상의 모습　　　　　　　　　　　　초록 운동장 같았어요.

　　　　　　　　　　　　　　　　　초록 우산 같았어요.

키 큰 풀이 바람에
출렁대는 모습　　　　　　　　　　　용암이 흐르는
　　　　　　　　　　　　　　　　　모습 같았어요.

　　　　　　　　　　　　　　　　　바다가 파도치는
　　　　　　　　　　　　　　　　　모습 같았어요.

❹ 빈칸에 들어갈 알맞은 단어를 보기에서 찾아 번호를 써 보세요.

보기　① 화산　② 성산 일출봉　③ 용암　④ 여름 방학　⑤ 벌판

(　　)에 제주도에 있는 (　　)에 다녀왔다.
정상이 마치 운동장처럼 넓은 (　　)이었다.
성산 일출봉은 (　　)이 폭발해서 생긴 곳이다.
(　　)이 흐른 자리에 초록색 풀이 가득해서 신기했다.

삼엽충을 찾아서

기행문을 차근차근 읽고, 문제를 풀어 보세요.

태백산은 옛날에 산이 아니라 바닷속 땅이었대요.
우리 가족은 그 증거*를 찾아 떠났어요.
첫째 날은 태백 고생대* 자연사* 박물관에 갔어요.
박물관에는 공룡 화석*과 모형이 가득했어요.
특히 삼엽충 화석이 잔뜩 있어서 반가웠어요.
삼엽충은 바로 태백산이 바닷속 땅이었다는 증거거든요.
삼엽충은 길쭉하고 둥근 모양인데 양옆에 발이 많아요.
태백산이 솟을 때 같이 나왔다가 바다 밖에서는 못 사니까
죽어서 화석이 되었대요. 지금도 태백산에서 삼엽충 화석이 발견되지요.
박물관에서 화석에 붙은 이물질*을 붓으로 떼어 내는 발굴 체험도 했어요.
둘째 날은 태백산에 올랐어요. 삼엽충 화석을 찾으려고 허리를 구부린 채
걷다가 ㄱ 자 사람이 될 것 같아서 그만두었어요.
그래도 이곳 어딘가에 삼엽충 화석이 있다니, 마음이 두근댔어요.

어휘 체크

★ **증거** | 어떤 사실이 맞다는 것을 보여 주는 것
★ **고생대** | 공룡이 나타난 시대인 '중생대'의 이전 시대
★ **자연사** | 사람이 나타나기 전 자연의 발전 역사
★ **화석** | 옛날에 살았던 동물 등의 뼈대나 흔적이 돌이나 땅에 남아 있는 것
★ **이물질** | 정상적이 아닌 다른 물질

1 어디에 다녀와서 쓴 기행문일까요?

① 태백 고생대 자연사 박물관과 바다
② 태백 고생대 자연사 박물관과 태백산
③ 화석 박물관과 바다
④ 화석 박물관과 태백산

2. 질문에 맞게 첫째 날에 대한 알맞은 단어를 빈칸에 쓰고, ✔ 해 보세요.

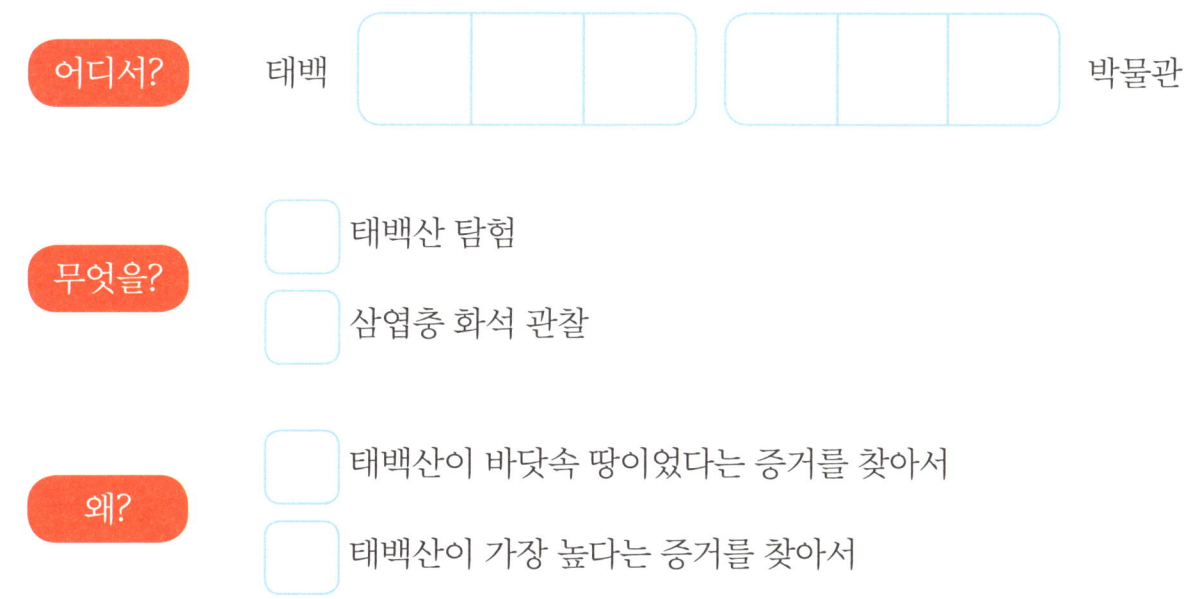

어디서? 태백 ☐☐☐   ☐☐☐ 박물관

무엇을?
☐ 태백산 탐험
☐ 삼엽충 화석 관찰

왜?
☐ 태백산이 바닷속 땅이었다는 증거를 찾아서
☐ 태백산이 가장 높다는 증거를 찾아서

3. 삼엽충에 대한 설명으로 알맞은 것은 무엇일까요?

① 삼엽충은 지금도 태백산을 기어 다녀요.
② 삼엽충은 바다 밖에서도 살 수 있었어요.
③ 삼엽충은 태백산이 바닷속 땅이었다는 증거예요.
④ 삼엽충은 날개로 날아다녔어요.

4. 태백산에서 느낀 점이 아닌 것은 무엇일까요?

① 삼엽충 화석을 찾느라고 ㄱ자 사람이 될 뻔했어요.
② 삼엽충 화석이 태백산 어딘가에 있다니, 두근거렸어요.
③ 삼엽충 화석을 못 찾아서 속상했어요.

전래 동화

흥부와 놀부

전래 동화를 차근차근 읽고, 문제를 풀어 보세요.

옛날 옛적에 형 놀부와 동생 흥부가 살았어요.
어느 날 흥부는 다리가 부러진 제비를 발견했어요.
"아유, 많이 아프겠구나. 내가 잘 고쳐 주마."
다음 해, 제비는 흥부에게 박씨를 물어다 주었어요.
흥부가 정성껏 박을 키워 슬근슬근 썰었더니,
쩍! 첫 번째 박에서 쌀이 와르르 쏟아졌어요.
쩍! 두 번째 박에서 알록달록 옷감이 잔뜩 나왔어요.
쩍! 세 번째 박에서 사람들이 우르르 나와 집을 지어 주었어요.
샘이 난 놀부가 멀쩡한 제비 다리를 뚝 부러뜨리고, 대충 고쳐 주었어요.
제비에게 박씨를 받은 놀부도 주렁주렁 박을 키워 슬근슬근 썰었더니,
쩍! 첫 번째 박에서는 거지 떼가 나와 살림*을 몽땅 가져갔어요.
쩍! 두 번째 박에서는 힘센 장수가 나와 못된 놀부를 혼냈어요.
쩍! 세 번째 박에서는 똥물이 왈칵왈칵 쏟아져 나왔다지 뭐예요.

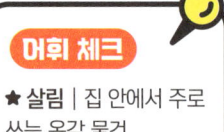

★ **살림** | 집 안에서 주로 쓰는 온갖 물건

1 동화의 내용으로 알맞은 것은 무엇일까요?

① 놀부와 흥부는 친구 사이예요.
② 놀부는 제비 둥지를 넓혀 주었어요.
③ 놀부와 흥부는 형제 사이예요.
④ 흥부가 놀부에게 박씨를 나눠 주었어요.

2 흥부가 키운 박에서 나오지 않은 것은 무엇일까요?

① 쌀　　② 똥물　　③ 옷감　　④ 집 짓는 사람들

3 동화의 내용이 알맞게 이어지도록 선으로 연결해 보세요.

흥부　•　　•　제비를 다치게 했어요.　•　　•　부자가 되었어요.

놀부　•　　•　제비를 도와주었어요.　•　　•　벌을 받았어요.

4 빈칸에 들어갈 알맞은 단어를 보기에서 찾아 번호를 써 보세요.

보기　① 우르르　② 알록달록　③ 주렁주렁　④ 슬근슬근　⑤ 뚝

박이 (　　) 열렸어요.
옷감이 (　　) 예뻐요.
사람들이 (　　) 몰려왔어요.
박을 (　　) 썰었어요.
제비 다리를 (　　) 부러뜨렸어요.

명작 동화

하이디

명작 동화의 한 부분을 차근차근 읽고, 문제를 풀어 보세요.

하이디는 할아버지의 오두막에서 지내게 되었어요.

"할아버지, 전 어디서 자요?"

"네가 마음대로 골라 보렴."

하이디는 좋아하며 할아버지의 침대 옆에 사다리를 타고 올라갔어요.

그곳에는 마른풀이 폭신하게 깔려 있었지요.

따뜻한 이불을 펴고 눕자, 창밖으로 산이 한눈에 들어왔어요.

다음 날, 염소를 치는* 소년 페터가 찾아왔어요.

할아버지는 맛있는 빵과 치즈, 컵 하나를 점심으로 챙겨 주었어요.

하이디와 페터는 염소들과 함께 신나게 달려 나갔지요.

점심때가 되자, 페터는 염소젖을 컵에 짜서 하이디에게 주었어요.

"이렇게 맛있는 점심은 처음이야."

하이디는 산으로 둘러싸인 이곳에서 지낼 일이 점점 기대되었어요.

어휘 체크
★ 치다 | 염소나 양 등을 기르다.

1 동화에 나오지 않는 등장인물은 누구일까요?

① 하이디　　② 할아버지　　③ 클라라　　④ 페터

2 하이디가 잠을 자기로 한 곳은 어디일까요?

3 동화에서 벌어지는 일의 순서대로 화살표를 그려 보세요.

4 하이디의 기분을 알맞게 선으로 연결해 보세요.

창작 동화

뭉툭한 바늘

창작 동화를 차근차근 읽고, 문제를 풀어 보세요.

오래 일해서 끝이 뭉툭해진 바늘이 한숨을 쉬었어요.

"난 더 이상 뾰족하지 않아. 그럼 바늘이 아닌 걸까?"

그 말에 끝이 뾰족한 옷핀이 촐싹댔어요.

"어머, 천을 뚫어야 꿰매지! 뾰족하지 않다면 이제 끝이야."

"그럼, 그럼! 뭉툭하면 쓸모없지."

송곳도 잘난 척하며 말했어요. 그때 양파 망*이 다가왔어요.

"옆구리가 쭉 찢어져서 양파가 빠질까 봐 걱정이야. 난 뚫을 필요 없이 그물코* 사이로 들락날락하면 되는데, 좀 꿰매 주지 않을래?"

뭉툭한 바늘이 바늘귀*에 실을 꿰고 숭숭 뚫린 그물코 사이로 몸을 넣었다 뺐다 하자 튼튼하게 바느질이 되었어요.

'휴, 잊을 뻔했네. 뾰족할 때도 뭉툭할 때도 난 나야! 예전에도 멋졌고, 지금도 새로운 일에 도전하는 내가 멋진걸.'

어휘 체크

★ **양파 망** | 양파를 넣는 그물처럼 짜여진 망
★ **그물코** | 망이나 그물에 뚫린 구멍
★ **바늘귀** | 실을 꿰기 위해 바늘의 위쪽에 뚫은 구멍

1 동화에 나오지 않는 등장인물은 누구일까요?

① 송곳   ② 옷핀   ③ 바늘   ④ 집게

  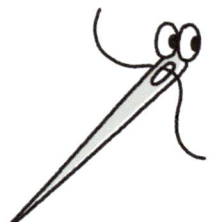 

2 오래 일한 바늘은 어떻게 되었을까요?

① 끝이 뭉툭해졌어요. ② 누렇게 녹슬었어요.
③ 똑 부러졌어요. ④ 바늘귀가 떨어졌어요.

3 뭉툭한 바늘이 양파 망에게 해 준 것은 무엇일까요?

① 가운데를 묶어 주었어요. ② 예쁜 무늬를 만들어 주었어요.

③ 옆구리를 꿰매 주었어요. ④ 다른 양파 망과 이어 주었어요.

4 양파 망을 꿰맨 다음, 뭉툭한 바늘이 한 생각을 모두 찾아 빈칸에 ✔ 해 보세요.

☐ 새로운 일에 도전하는 난 참 멋져!

☐ 뭉툭해진 나는 이제 바늘이 아니야!

☐ 뭉툭한 지금도 난 나야!

☐ 예전의 뾰족한 난 별로였어!

전래 동화
빨간 부채 파란 부채

전래 동화를 차근차근 읽고, 문제를 풀어 보세요.

먼 옛날, 나무꾼이 길을 가다 빨간 부채랑 파란 부채를 주웠어.

빨간 부채를 부치면 코가 길어지고, 파란 부채를 부치면 짧아지네.

'얼씨구나, 이 요술 부채로 부자가 되어야지!'

나무꾼은 부잣집 할아버지를 찾아가 빨간 부채를 부쳐 주었지.

갑자기 코가 길어지자, 할아버지는 너무 놀라 식은땀*을 줄줄 흘렸어.

나무꾼은 자기가 고쳐 주겠다며 파란 부채를 부쳤어.

"아이고, 줄어드는구먼! 고맙네, 고마워!"

할아버지는 속은 줄도 모르고, 나무꾼에게 큰 돈을 주었지.

다음 날, 심심한 나무꾼이 빨간 부채를 부쳐 코로 옥황상제의 구름 밭을 뚫었네! 옥황상제는 남을 속인 나무꾼의 코를 나무에 꽁꽁 묶었어.

답답해진 나무꾼은 얼른 파란 부채를 부쳤지.

코가 줄어드는데, 위에서 묶었으니 몸이 둥실 떠올랐어.

아마 지금도 부채를 번갈아 부치며 올라갔다 내려갔다 하고 있을걸.

어휘 체크
★ 식은땀 | 당황하거나 놀랐을 때 흐르는 땀

1 동화의 내용으로 알맞은 것은 무엇일까요?

① 나무꾼이 빨간 부채와 파란 부채를 샀어요.
② 나무꾼이 할아버지 코를 일부러 길게 만들었어요.
③ 나무꾼이 옥황상제를 만나려고 코를 길게 만들었어요.
④ 할아버지는 나무꾼에게 속았다는 걸 알아챘어요.

❷ 나무꾼이 주운 부채는 어떤 부채였는지 빈칸에 써 보세요.

 부채

❸ 그림 속 등장인물에게 필요한 부채를 각각 색칠해 보세요.

❹ 옥황상제의 구름 밭을 뚫은 나무꾼의 코는 어떻게 되었나요?

① 꽁꽁 묶였어요.　　② 꽉 집혔어요.　　③ 쿵 부딪혔어요.

명작 동화

이상한 나라의 앨리스

명작 동화의 한 부분을 차근차근 읽고, 문제를 풀어 보세요.

오늘 앨리스는 너무 심심한 나머지 졸리기까지 했어.

그때 흰토끼가 중얼중얼하며 앨리스 옆을 달려갔어.

"이런, 이런! 늦겠는걸."

맙소사, 말하는 토끼라니! 잠이 확 깬 앨리스가 토끼를 쫓아 달렸어.

여태껏 조끼를 입고 회중시계*를 보며 허둥대는 토끼는 본 적이 없었거든.

궁금한 걸 못 참는 앨리스는 토끼를 따라 굴속까지 달려 들어갔어.

토끼 굴은 똑바로 뻗어 가다가 갑자기 낭떠러지처럼 푹 꺼졌지.

멈출 새도 없이 한참 떨어지는 동안 앨리스는 벽을 실컷 구경했어.

벽에는 책꽂이가 있고, 그림이랑 지도도 걸려 있었어.

"이러다 지구를 뚫고 떨어지겠네!"

그러다 풀썩! 앨리스가 낙엽이 쌓인 곳에 상처 하나 없이 떨어졌어.

그렇게 앨리스는 이상한 나라에 도착한 거야.

어휘 체크

★ 회중시계 | 몸에 지닐 수 있게 만든 작은 시계

1 앨리스의 마음이 **아닌** 것은 무엇일까요?

① 심심해서 졸렸어.
② 말하는 토끼는 시시했어.
③ 궁금한 건 못 참아.
④ 조끼 입은 토끼를 보고 잠이 확 깼어.

2 앨리스가 쫓아간 토끼의 모습으로 알맞은 것은 무엇일까요?

3 앨리스가 따라 들어간 토끼 굴을 찾아 빈칸에 ✔ 해 보세요.

4 동화의 내용으로 알맞지 않은 것은 무엇일까요?

① 앨리스는 토끼네 집에 떨어졌어요.

② 앨리스는 토끼가 너무 궁금해 따라갔어요.

③ 앨리스는 이상한 나라에 떨어졌어요.

④ 앨리스 옆으로 말하는 토끼가 달려갔어요.

창작 동화

두더지의 마음

창작 동화를 차근차근 읽고, 문제를 풀어 보세요.

"못된 두더지! 땅을 파헤치고, 농작물*이나 갉아 먹고!"

두더지는 사람들한테 매일 혼나서 늘 부루퉁했어요*.

"내가 두더지라서 그런 걸 어떡해."

두더지가 툴툴대는데* 누군가 인사를 건넸어요.

"두더지야, 안녕! 할미 감자밭에서 배를 좀 채웠니?

넌 매일 땅을 파더구나. 네 일을 꾸준히 해내니 기특도 해라."

할머니의 칭찬 한마디에 두더지의 부루퉁한 마음이 싹 사라졌어요.

그날 밤, 두더지는 땅굴 속을 달려 가장 아끼는 당근이 있는 곳에 갔어요.

영차, 당근을 땅속으로 힘껏 잡아당기고, 굴을 따라 실어 날라서

할머니네 감자밭에 다시 왔지요. 그러고는 땅 밖으로 불쑥 밀어 냈어요.

다음 날 할머니는 유난히 흙이 잔뜩 묻은 당근 줄기를 쑥 뽑았어요.

"어머나, 당근이잖아. 어쩜 작은 하트처럼 사랑스럽게도 생겼네."

두더지는 자기 마음이 전해진 것 같아 아주 기뻤지요.

> **어휘 체크**
> ★ **농작물** | 논밭에 심어 가꾸는 곡식이나 채소
> ★ **부루퉁하다** | 불만스럽고 못마땅하여 화가 나다.
> ★ **툴툴대다** | 몹시 투덜대다.

1 두더지가 매일 혼나는 이유는 무엇일까요?

① 흙을 마구 쌓았어요.
② 농작물을 갉아 먹었어요.
③ 굴속에 똥을 쌌어요.
④ 감자를 많이 먹었어요.

2 동화에서 벌어지는 일의 순서대로 빈칸에 번호를 써 보세요.

3 할머니는 왜 당근 줄기를 쑥 뽑았을까요?

① 꽃이 예쁘게 피어서

② 유난히 커서

③ 흙이 잔뜩 묻어 있어서

④ 밖으로 튀어나와 있어서

4 두더지의 마음이 어땠는지 빈칸에 알맞은 단어를 써서 문장을 완성해 보세요.

두더지는 매일 ☐ 이 나서 마음이 부루퉁했어요.

하지만 ☐☐ 을 들으니까 기분이 좋아졌어요.

할머니께 당근으로 ☐☐ 을 전해서 아주 기뻤어요.

전기문
제인 구달과 침팬지

전기문을 차근차근 읽고, 문제를 풀어 보세요.

제인 구달은 동물을 잘 알아야 친구로서 올바로 사랑할 수 있다고 믿었어요.

어렸을 때는 닭장에서 네 시간이 넘게 쪼그리고 있었어요.

닭이 어떻게 알을 낳는지 자세히 알고 싶었거든요.

커서는 아프리카에서 침팬지를 관찰*했는데, 침팬지가 늘 숨어 버렸지요.

제인 구달은 사람을 낯설어*하는 침팬지의 마음을 이해했어요.

그래서 매일 같은 옷을 입고, 같은 바위에 앉아 있었지요.

그러자 차차 침팬지가 제인 구달 앞에서 자연스럽게 행동했어요.

서로 다투기도 하고, 쓰다듬으며 다정함을 드러내고,

나뭇가지를 도구로 써서 개미굴 속 흰개미도 잡아먹었지요.

제인 구달은 동물도 감정을 느끼고 생각도 한다는 것을 세상에 알렸어요.

또 동물학자에서 더 나아가 환경 운동가*로도 애쓰기 시작했어요.

동물과 자연을 소중히 대해야 한다고 지구 곳곳을 향해 말하고 있지요.

어휘 체크
- ★ **관찰** | 사물이나 식물, 동물을 집중하여 자세히 살펴봄
- ★ **낯설다** | 전에 본 적이 없어서 익숙하지 않다.
- ★ **환경 운동가** | 자연환경 보호에 힘쓰는 사람

1 제인 구달은 아프리카에서 어떤 동물을 관찰했나요?

① 닭　　　② 침팬지　　　③ 코끼리　　　④ 다람쥐

2 다음 내용에 알맞은 제인 구달의 연구 방법을 빈칸에 써 보세요.

- 침팬지가 사는 곳에 가서 살펴보았어요.
- 침팬지를 곁에서 지켜보았어요.
- 침팬지의 자연스러운 모습을 집중하여 살폈어요.

➡

3 제인 구달이 관찰한 침팬지의 행동이 아닌 것을 찾아 빈칸에 ✔ 해 보세요.

도구를 사용해요.

낯설면 숨어요.

다정함을 표현해요.

반가우면 춤을 춰요.

4 제인 구달의 생각을 모두 찾아 빈칸에 〇 해 보세요.

- 동물도 감정을 느껴요.
- 동물도 생각하는 힘이 있어요.
- 동물을 소중하게 대해야 해요.
- 동물이 친구는 아니에요.

장영실과 자격루

전기문

전기문을 차근차근 읽고, 문제를 풀어 보세요.

조선 시대, 장영실은 노비*로 태어났지만 왕인 세종의 눈에 들어
궁궐에 들어갔어요. 다른 신하들과 힘을 합해 우주를 살피는 기구인
간의와 혼천의 등을 발명했지요.
그러던 어느 날, 장영실이 자동 물시계인 자격루를 완성했어요.
"역시 장영실! 장영실이 해냈구나."
세종이 크게 웃으며 칭찬했지요.
옛날에는 물시계 옆에 사람이 지키고 있다가 물이 어느 정도 차면
"몇 시다!" 하고 시간을 알렸어요.
지키던 사람이 자리를 잠깐 비우거나 졸면 시간을 알 수 없어 불편했지요.
그러던 중 장영실이 인형이 알아서 종을 치는 자동 물시계를 만든 거예요.
장영실은 이렇게 훌륭한 발명품을 많이 만들었고,
조선 시대 최고의 발명가*로 기억되고 있어요.

어휘 체크

★ **노비** | 옛날에 사람의 신분 중 가장 낮은 신분
★ **발명가** | 아직까지 없던 물건 등을 새로 생각해 만들어 내는 사람

1 다음 문장이 완성되도록 이름을 빈칸에 써 보세요.

장영실이 자동 물시계를 만들자  이 크게 칭찬했어요.

2 자격루의 시간을 알리는 종은 누가 쳤을까요?

① 자격루를 만든 장영실　　② 자격루에 연결된 인형
③ 자격루를 보고 있는 백성　④ 장영실과 같이 일하는 신하들

3 그림을 보고, 자격루를 찾아 ◯ 해 보세요.

(　　　　)

(　　　　)

(　　　　)

(　　　　)

4 장영실에 대한 설명이 아닌 것은 무엇일까요?

① 장영실은 노비였지만 궁궐에까지 들어갔어요.
② 장영실은 훌륭한 발명가예요.
③ 장영실은 세종의 동생이었어요.
④ 장영실은 다른 신하들과 함께 혼천의도 발명했어요.

전래 동화: 방귀쟁이 며느리

전래 동화를 차근차근 읽고, 문제를 풀어 보세요.

옛날 옛적에 예쁘고 마음 착한 며느리가 있었어.
그런데 얼굴이 점점 노래지기 시작했지.
왜 그런가 가만가만 보니, 방귀를 못 뀌어서 그랬어.
시아버지가 "방귀 묵으면* 병 된다! 마음껏 뀌어라." 했어.
며느리는 "그럼 진짜 뀔게요. 모두 뭐든 잡으세요." 했어.
빵, 빵, 뿌아앙! 며느리 방귀는 엄청난 태풍 방귀였어.
온 가족이 날아갔다가 며칠 만에 집에 돌아왔지.
붉으락푸르락한* 시아버지가 "태풍 방귀 못쓴다*! 썩 나가거라!" 했어.
슬피 울며 길을 떠난 며느리는 배나무 아래서 비단* 장수를 만났어.
"아, 누가 배 하나 따 주면 비단도 나눠 줄 텐데."
뿌웅 다다다다! 비단 장수의 말을 들은 며느리가 배나무를 향해 방귀를 뀌었지.
그러자 배가 몽땅 떨어졌어! 거참, 비단이 들어오는 방귀로세!
시아버지도 "에헤야, 복 방귀로세!" 그랬대.

어휘 체크

★ **묵다** | 할 때가 지나 오래되다.
★ **붉으락푸르락하다** | 몹시 화가 나 얼굴빛이 붉거나 푸르게 변하다.
★ **못쓰다** | 옳지 않다.
★ **비단** | 부드럽고 고운 옷감의 한 종류

1 며느리 얼굴은 왜 노래졌을까요?

① 밥을 못 먹어서
② 웃지를 못 해서
③ 말을 못 해서
④ 방귀를 못 뀌어서

2 다음 상황에서 시아버지가 며느리에게 한 말을 선으로 연결해 보세요.

3 동화의 내용으로 알맞은 것은 무엇일까요?

① 며느리의 방귀는 소리가 나지 않았어요.
② 며느리는 방귀로 배도 딸 수 있었어요.
③ 며느리의 방귀 냄새로 가족들 얼굴이 노래졌어요.
④ 며느리의 방귀 냄새가 지독해 가족들이 달아났어요.

4 그림을 보고, 빈칸을 채워 얼굴빛을 알맞게 표현해 보세요.

얼굴이 □래요.   얼굴이 □□락 □□락

명작 동화: 오즈의 마법사

명작 동화의 한 부분을 차근차근 읽고, 문제를 풀어 보세요.

창문이 강한 회오리바람*에 덜거덕댔어요. 도로시와 강아지 토토가 집 안에서 벌벌 떨고 있었지요. 그때 이상한 일이 벌어졌어요.

회오리바람에 휩쓸려 붕 떠오른 집이 한참을 날아가 내려앉았어요.

밖으로 나온 도로시는 깜짝 놀랐어요. 처음 보는 곳인 데다가 집 한쪽 끝에 마녀가 깔려 발이 삐죽 나와 있었거든요.

마녀의 발은 햇볕에 말라 스르르 사라져 버리고, 신고 있던 은구두만 남았지요.

그때 한 할머니가 다정하게 웃으며 다가왔어요.

"난 북쪽의 착한 마녀예요.

못된 동쪽 마녀를 물리쳤으니 은구두는 당신 거예요."

도로시가 훌쩍이며 살던 곳으로 돌아가고 싶다고 말했어요.

"저런! 그럼 노란 벽돌 길을 따라 에메랄드* 성으로 가 보세요.

오즈의 마법사가 소원을 들어줄 거예요."

도로시는 은구두를 신고, 토토와 함께 길을 나섰어요.

어휘 체크
★ **회오리바람** | 뱅뱅 돌아 깔때기 모양으로 치솟는 바람
★ **에메랄드** | 푸른빛이 도는 보석의 한 종류

1 빈칸에 알맞은 단어를 써서 문장을 완성해 보세요.

☐☐☐ 와 토토를 태운 채 날아간 ☐ 이

못된 동쪽 ☐☐ 위로 떨어졌어요.

2 동화에서 벌어지는 일의 순서대로 번호를 써 보세요.

( )　　　　　　　　　( )

( )　　　　　　　　　( )

3 도로시는 왜 길을 나섰을까요?

① 오즈의 마법사에게 소원을 빌기 위해서
② 오즈의 마법사가 되기 위해서
③ 마법의 은구두가 저절로 움직여서
④ 노란 벽돌 길 끝이 궁금해서

4 도로시의 소원은 무엇일까요?

① 회오리바람을 혼내 주세요.
② 원래 살던 곳으로 돌아가고 싶어요.
③ 착한 마녀와 함께 있고 싶어요.
④ 에메랄드 성에 데려다주세요.

창작 동화

구름 모자

창작 동화를 차근차근 읽고, 문제를 풀어 보세요.

울창한 산이 꼭대기의 나무들끼리 나누는 이야기를 들었어요.

"걷는 기분은 어떨까?"

"아마 멋질걸. 우리는 쭉 산에 뿌리를 박고 있어 잘 모르지만."

울창한 산도 벌거숭이산*이었을 때는 걸어서 떠나고 싶었어요.

지금은 나무들 덕분에 외롭지 않아서 그런 생각이 안 들지만요.

산은 나무들에게 특별한 경험을 선물하고 싶어 구름을 붙잡았어요.

"구름아, 잠시 내 꼭대기에 모자처럼 머물다 가 줄래?"

산꼭대기 구름 모자라니, 구름도 재밌어 보여 그러기로 했어요.

곧 산속이 희뿌예졌어요. 나무 사이사이 구름이 비집고 들어갔거든요.

바로 코앞에 있던 나무도 보이지 않았어요.

"우아, 구름 속을 걷는다면 이런 기분일 거야."

"그러게. 산꼭대기에 사니까 이런 경험도 하네, 너무 멋진걸."

울창한 산은 흐뭇했어요. 종종 구름 모자를 써야겠다고 생각했지요.

어휘 체크
★ **벌거숭이산** | 나무가 없는 산

1 울창한 산은 누구를 위해 구름을 붙잡았을까요?

① 사람들　　② 다람쥐　　③ 나무들　　④ 벌거숭이산

2 구름이 어디에 잠시 머물렀는지 찾아 ◯ 해 보세요.

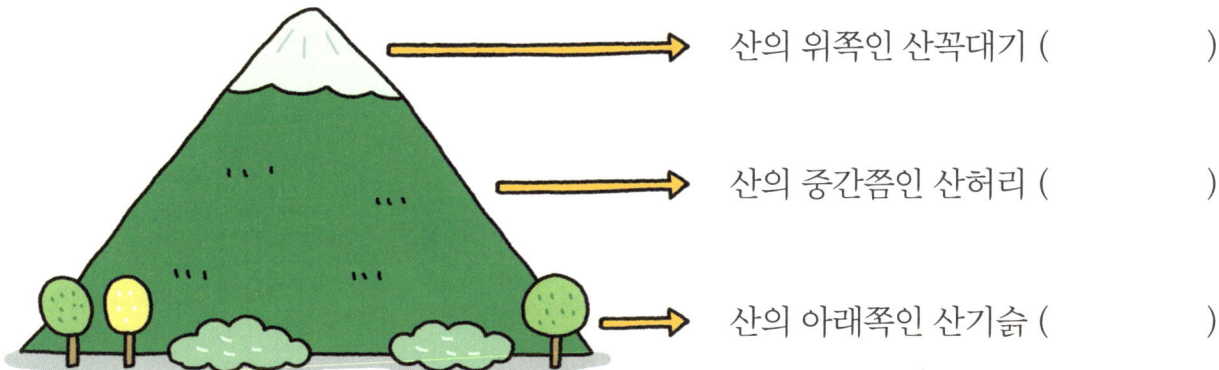

산의 위쪽인 산꼭대기 (　　　)

산의 중간쯤인 산허리 (　　　)

산의 아래쪽인 산기슭 (　　　)

3 동화의 내용으로 알맞은 것은 무엇일까요?

① 나무들은 한곳에 뿌리 박고 사는 것이 늘 좋았어요.

② 나무들은 구름 속을 걷는 기분을 상상할 수 있었어요.

③ 구름 모자를 쓰니까 어두컴컴했어요.

④ 울창한 산은 벌거숭이산이었을 때도 외롭지 않았어요.

4 힌트 글자를 보고, 빈칸에 알맞은 단어를 써서 문장을 완성해 보세요.

힌트 글자　무　선　구　나　자　모　름　물

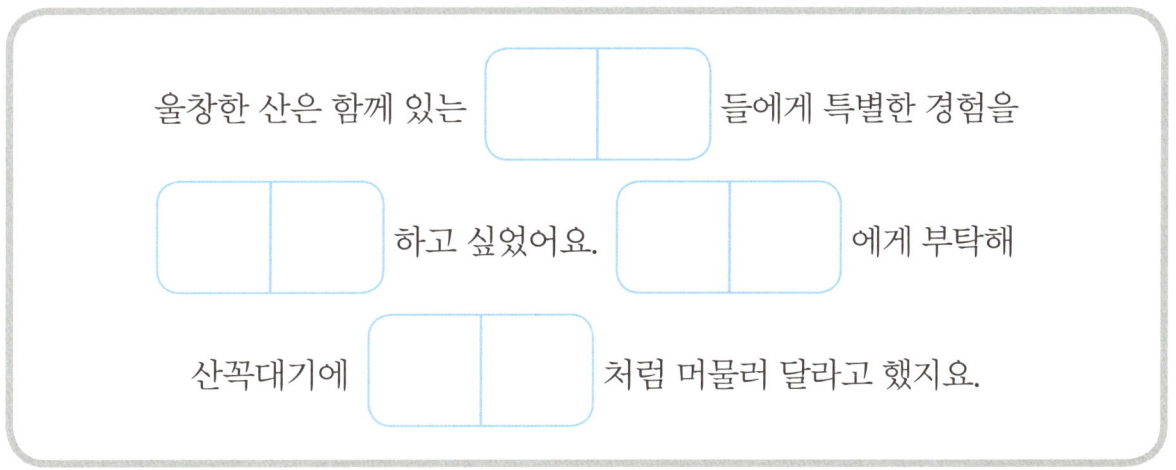

울창한 산은 함께 있는 [　　] 들에게 특별한 경험을 [　　] 하고 싶었어요. [　　] 에게 부탁해 산꼭대기에 [　　] 처럼 머물러 달라고 했지요.

전래 동화
녹두 할아버지와 토끼

전래 동화를 차근차근 읽고, 문제를 풀어 보세요.

옛날 옛날에, 녹두가 익기만 하면 날름 먹는 토끼들이 있었어.

"요놈들, 내가 죽은 척해서 곁에 오면 몽땅 잡아야지!"

녹두 할아버지는 눈에 곶감을 올리고, 입에 홍시를 물고,

코랑 귀에 밤을 박고 꼴깍 죽은 척했어.

역시나 토끼들이 슬금슬금 다가왔지. "잡았다, 요놈들!"

녹두 할아버지는 커다란 솥단지*에 토끼들을 우르르 넣었어.

그런데 불 피울 장작*이 없어서 구하러 나갔지.

토끼들은 솥뚜껑을 열고 살금살금 나와서는 마당을 제집처럼 돌아다녔어.

이 모습을 본 녹두 할아버지가 솥뚜껑을 던졌는데, 간장독*만 와장창 깨졌네.

녹두 할아버지가 토끼 뒷다리를 잡았는데,

토끼가 "다리 아니고 울타리 잡았네." 하고 또 약 올렸지.

진짜인가 싶어 녹두 할아버지가 손을 놓자,

"내 다리였지! 토끼 다리였지!" 놀리고 깡충깡충 달아났대.

어휘 체크
★ **솥단지** | 밥을 짓거나 국을 끓이는 그릇
★ **장작** | 불을 피울 때 쓰는 쪼갠 나무
★ **독** | 간장 등을 담아 두는 항아리와 비슷한 그릇

1 동화의 내용으로 알맞은 것은 무엇일까요?

① 녹두 할아버지는 밤농사를 지었어요.
② 토끼들은 녹두 할아버지가 진짜 죽은 줄 알았어요.
③ 토끼들은 녹두 할아버지의 다리와 울타리를 헷갈렸어요.
④ 녹두 할아버지는 토끼들 때문에 죽었다 살아났어요.

2 녹두 할아버지는 토끼들 때문에 기분이 어땠을까요?

3 죽은 척하는 녹두 할아버지의 모습이 되도록 음식을 알맞은 곳에 선으로 연결해 보세요.

4 토끼들의 행동을 보고, 알맞은 단어를 빈칸에 써 보세요.

깡☐☐　　☐름　　☐☐슬☐

명작 동화

완두콩 다섯 알

명작 동화를 차근차근 읽고, 문제를 풀어 보세요.

완두콩 다섯 알이 꼬투리* 밖으로 나갈 날만 기다렸어요.

드디어 한 소년이 꼬투리를 터뜨려 완두콩들을 손 위에 얹었어요.

소년은 완두콩들을 새총*으로 튕겨 쏘았어요.

완두콩들은 자기가 최고라며 가장 높이, 가장 멀리, 가장 세게, 가장 빠르게 날아갔어요. 마지막 완두콩만 달랐지요.

'어디든 내가 필요한 곳으로 가 볼 테야.'

마지막 완두콩은 낡은 창문틀 속 이끼*에 폭 파묻혔어요.

그 집에는 시름시름 아픈 아이가 살았지요.

마지막 완두콩은 따뜻한 봄이 이곳에 찾아오길 바랐어요.

어느 봄날, 아이가 뭔가 발견했어요. "엄마, 창틀에 초록 싹이 흔들려요."

며칠 뒤, "엄마, 완두콩이 힘을 내서 또 자랐어요."

또 며칠 뒤, "엄마, 나도 완두콩처럼 무럭무럭 자라 볼래요."라고 말했어요.

마지막 완두콩은 아이한테 '희망*'이라는 최고의 선물이 되었어요.

> **어휘 체크**
> ★ 꼬투리 | 콩을 싸고 있는 껍질
> ★ 새총 | 'Y' 자 모양으로, 나뭇가지 등에 고무줄을 매어 물건을 튕기는 총
> ★ 이끼 | 축축하고 그늘진 곳에 사는 식물
> ★ 희망 | 앞으로 잘될 수 있다는 믿음

1 가장 높이 날아간 완두콩에 O, 가장 멀리 날아간 완두콩에 ✔ 해 보세요.

2 마지막 완두콩이 지나오지 않은 곳은 어디일까요?

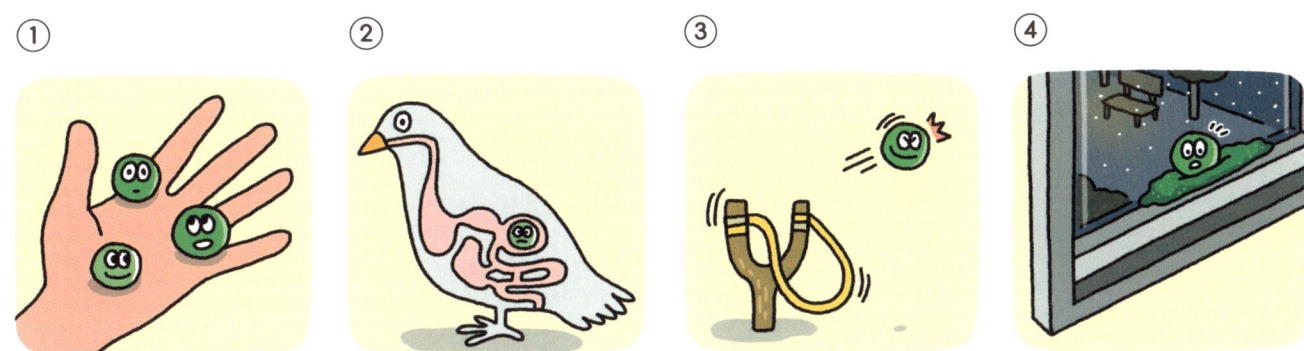

3 다음 상황에서 완두콩이 기다리는 것을 선으로 연결해 보세요.

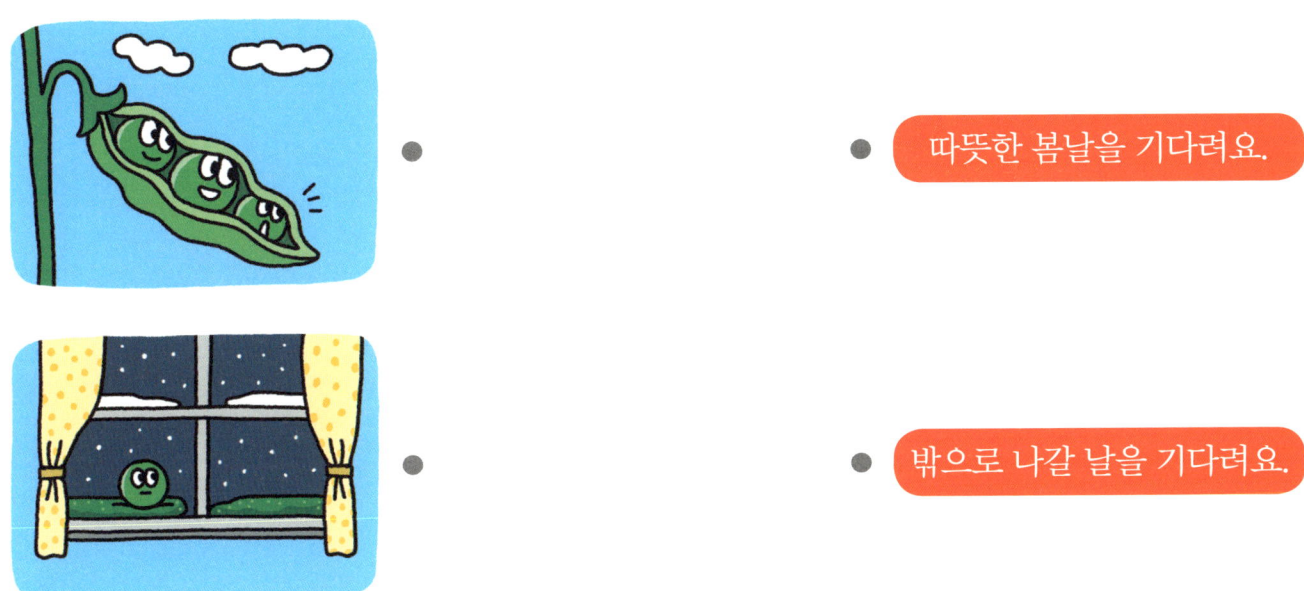

따뜻한 봄날을 기다려요.

밖으로 나갈 날을 기다려요.

4 빈칸에 들어갈 알맞은 단어를 보기에서 찾아 번호를 써 보세요.

보기 ① 무럭무럭 ② 시름시름 ③ 초롱초롱 ④ 희망 ⑤ 불행

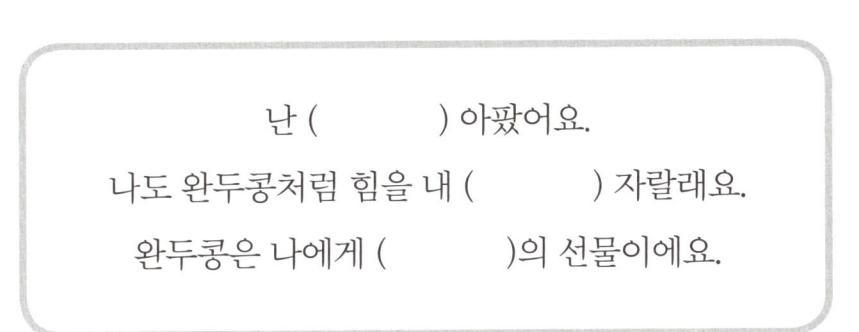

창작 동화
거짓말이 찰딱!

창작 동화를 차근차근 읽고, 문제를 풀어 보세요.

"훈아, 양치질했니?"

"당연하죠." 찰딱! 거짓말이 입에 붙어 버렸어요.

'이제 할게요.', '이따 할게요.' 그랬으면 모를까, 찰딱!

훈이는 양치질했다고 거짓말한 채 밖에 나가 놀았어요.

"어디서 구린내 나는 거 같지 않아?"

친구의 말에 훈이는 입 냄새를 숨기려 "네가 방귀 뀌었잖아!" 하고 소리쳤어요.

친구가 울상*으로 아니라고 하자, 또 훈이가 "거짓말!" 하고 쏘아붙였지요.

친구한테는 미안하지만 입이 멈추질 않았어요.

훈이는 집으로 달려갔어요. 입이 또 무슨 말을 할지 무서웠거든요.

훈이가 입을 두 손으로 꼭 막고 들어오자 엄마가 걱정했어요.

"어디 다쳤어?"

훈이는 입을 더 꼭 막았어요. 하마터면 "네!" 그럴 뻔했거든요.

그렇게 1초, 2초, 3초!

훈이가 "아니요."라고 정직하게* 말하자 거짓말이 힘을 잃고 떨어졌어요.

어휘 체크

★ **울상** | 울려고 하는 얼굴 표정
★ **정직하다** | 마음에 거짓이나 꾸밈이 없이 바르고 곧다.

1 누구 입에 무엇이 찰딱 붙었는지 빈칸에 써 보세요.

☐☐ 입에 ☐☐☐ 이 찰딱 붙었어요.

2. 동화의 내용으로 알맞은 것은 무엇일까요?

① 훈이가 거짓말한 순간 거짓말이 찰딱 입에 붙었어요.

② 훈이의 친구가 방귀를 뀌었어요.

③ 훈이는 입안이 다쳐서 입을 꼭 막았어요.

④ 훈이는 엄마가 묻기 전에 양치질을 했어요.

3. 그림을 보고, 훈이의 진짜 마음을 보기에서 찾아 번호를 써 보세요.

친구한테 (   ).   거짓말하는 입이 (   ).

4. 빈칸에 알맞은 단어를 써서 문장을 완성해 보세요.

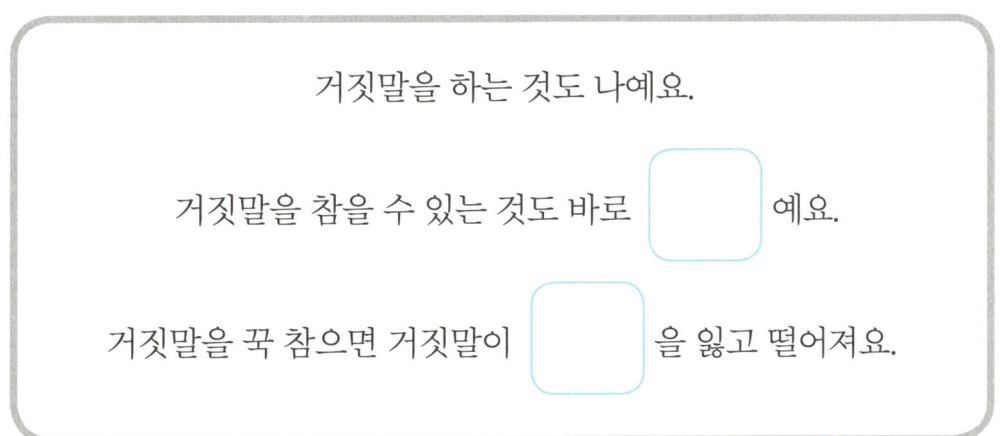

설명문
손이 있는 식물

설명문을 차근차근 읽고, 문제를 풀어 보세요.

돌돌 말리고, 꼬불꼬불 꼬부라져 자라는 줄기를 본 적 있나요? 이런 줄기를 '덩굴손'이라고 불러요. 덩굴손은 마치 사람 손처럼 줄기 끝에 닿는 것을 붙잡거나 돌돌 감아줄 수 있어요.

덩굴손이 있는 식물을 '덩굴 식물' 또는 '넝쿨 식물'이라고 불러요. 대부분 줄기가 가늘고 약해서 혼자 꼿꼿하게 서지 못해요.

그래서 나팔꽃 같은 덩굴 식물은 덩굴손으로 긴 막대나 다른 식물을 돌돌 감고 올라가요. 그래야 햇빛을 잘 받아 자랄 수 있거든요.

또 담쟁이덩굴처럼 넓게 퍼지며 자라는 덩굴 식물은 덩굴손으로 바닥이나 담을 착 붙잡은 다음 달라붙어 기어올라요.

그럼 연결된 줄기가 가늘고 약해도 잎이 바람에 획획 뒤집어지지 않고, 잎의 앞면이 햇빛을 잘 모을 수 있지요.

1 덩굴 식물에 대한 설명으로 잘못된 것은 무엇일까요?

① 덩굴손을 가졌어요.
② 대부분 줄기가 가늘어서 꼿꼿하게 서지 못해요.
③ 햇빛 쬐는 것을 싫어해요.
④ 담쟁이덩굴은 담을 붙잡고 자라요.

2 빈칸에 알맞은 단어를 써서 문장을 완성해 보세요.

사람 손처럼 닿는 것을 잡거나 감으며 자라는 줄기를  이라고 해요.

3 덩굴손을 가진 식물은 무엇일까요?

① 나팔꽃

② 토끼풀

③ 민들레

④ 선인장

4 덩굴손에 대한 사진과 설명이 아닌 것은 무엇일까요?

① 꼬불꼬불 자라요.

② 끝에 닿는 것을 잡아요.

③ 벌레를 잡아 가둬요.

설명문: 나비와 나방

설명문을 차근차근 읽고, 문제를 풀어 보세요.

늦은 밤, 창문 방충망*에 나비가 붙어 있어요.

잠깐! 진짜 나비일까요? 나비와 비슷한 나방은 아닐까요?

나비와 나방은 비슷하게 생겼지만 다른 점이 있어요.

나비는 대부분 앉을 때 날개를 접어요.

하지만 나방은 그대로 펼쳐 앉지요.

또 나비는 대부분 더듬이가 가느다랗고 끝만 살짝 볼록해요.

하지만 나방의 더듬이는 전체적으로 굵지요.

또 나비는 주로 낮에 활동하지만 나방은 주로 밤에 활동해요.

그럼 나비와 나방은 같은 점이 없을까요?

아니, 있어요! 나비와 나방 모두 알에서 나와

애벌레*로 지내다가 번데기*가 되고, 어른벌레*가 되지요.

또 다리가 여섯 개라는 것도 같은 점이에요.

어휘 체크
★ **방충망** | 벌레들이 못 들어오게 창문에 치는 망
★ **애벌레** | 알에서 나온 다음 아직 다 자라지 않은 벌레
★ **번데기** | 애벌레가 어른벌레가 되기 전 한동안 아무것도 먹지 않고 집과 같은 고치 속에 들어 있는 몸
★ **어른벌레** | 다 자란 곤충

1 나비와 나방의 같은 점을 모두 찾아 ○ 해 보세요.

- 날개가 있어요. (   )
- 더듬이가 있어요. (   )
- 주로 낮에 활동해요. (   )
- 다리가 여섯 개예요. (   )
- 알에서 나와요. (   )

② 나비와 나방이 자라는 과정을 빈칸에 써 보세요.

알 ➡ ☐ 벌 ☐ ➡ 번 ☐ ☐ ➡ 어 ☐ ☐ 레

③ 나비에 대한 설명으로 잘못된 것은 무엇일까요?

① 나비는 대부분 앉을 때 날개를 접어요.
② 나비는 주로 밤에 활동해요.
③ 나비는 '알-애벌레-번데기-나비'의 과정으로 자라요.
④ 나비는 대부분 가느다란 더듬이를 가졌어요.

④ 사진을 보고, 나비에 ◯, 나방에 ✔ 해 보세요.

설명문: 동물이 사는 특별한 곳

설명문을 차근차근 읽고, 문제를 풀어 보세요.

지구에는 특별한 '서식지*'가 참 많아요.

모래로 뒤덮인 사막은 비가 적게 내리고 무척 더워요.

이곳에 사는 사막여우는 큰 귀로 몸의 열을 내보내요.

낙타는 눈썹이 길어서 모래가 눈에 잘 안 들어가지요.

얼음으로 뒤덮인 북극은 무척 춥고, 눈이 쌓인 날이 많아요.

북극여우는 귀가 작고 털이 빽빽해서 몸의 열이 잘 빠져나가지 않아요.

북극곰은 구부러진 두꺼운 발톱 덕분에 얼음에서도 잘 달리지요.

열대 우림은 1년 내내 덥고, 비도 많이 와서 숲이 울창해요.

이곳에 사는 오랑우탄은 나무를 잘 타고, 거의 나무 위에서 살지요.

금강앵무는 초록 숲에서도 화려한 깃털 색으로 서로를 잘 알아보아요.

초원은 확 트인 곳이고, 비가 적게 와서 큰 나무보다는 풀이 많아요.

이곳에 사는 얼룩말은 무리* 지어 풀을 뜯어요.

아프리카코끼리도 무리 지어 다니고, 물이 있는 곳을 잘 찾아내지요.

어휘 체크
★ 서식지 | 동물이 살아가는 곳
★ 무리 | 사람이나 짐승, 사물이 한데 모임

1 서식지와 자연환경이 잘못 짝지어진 것은 무엇일까요?

① 사막-모래   ② 북극-눈   ③ 초원-얼음   ④ 열대 우림-비

2 서식지와 동물이 알맞게 짝지어진 것은 무엇일까요?

① 북극-얼룩말   ② 사막-북극곰   ③ 열대 우림-금강앵무   ④ 초원-낙타

3 사진을 보고, 알맞은 서식지의 이름을 빈칸에 써 보세요.

열 ☐ ☐☐   ☐☐

☐☐   ☐☐

4 동물에 대한 알맞은 설명을 선으로 연결해 보세요

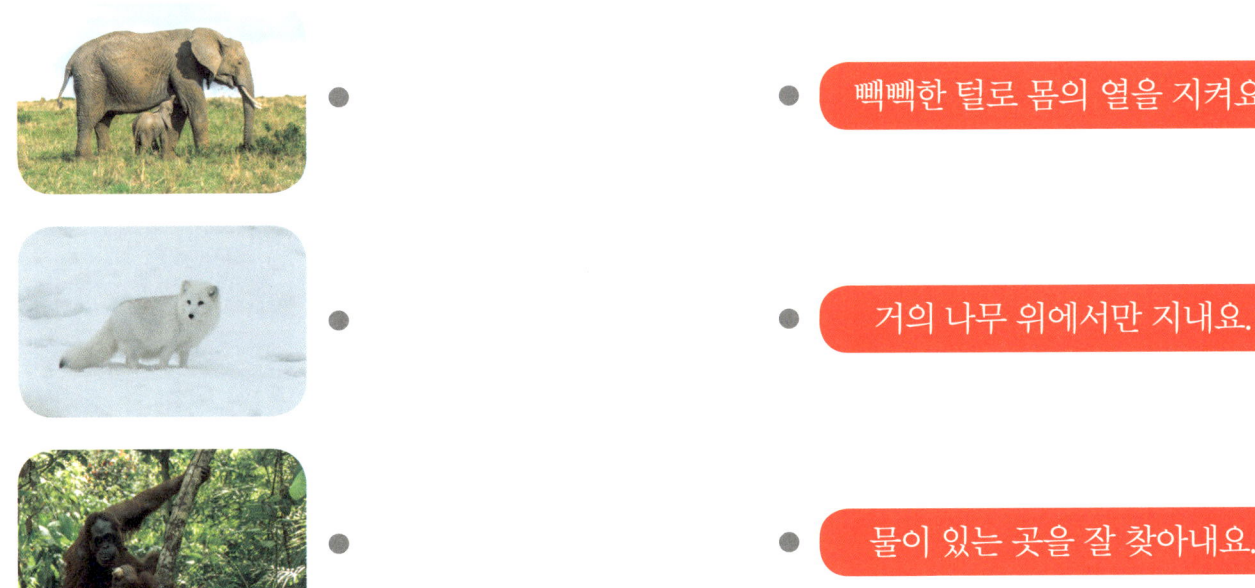

● 빽빽한 털로 몸의 열을 지켜요.

● 거의 나무 위에서만 지내요.

● 물이 있는 곳을 잘 찾아내요.

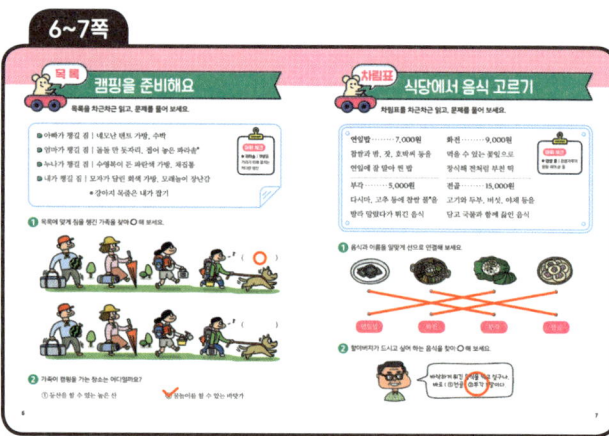

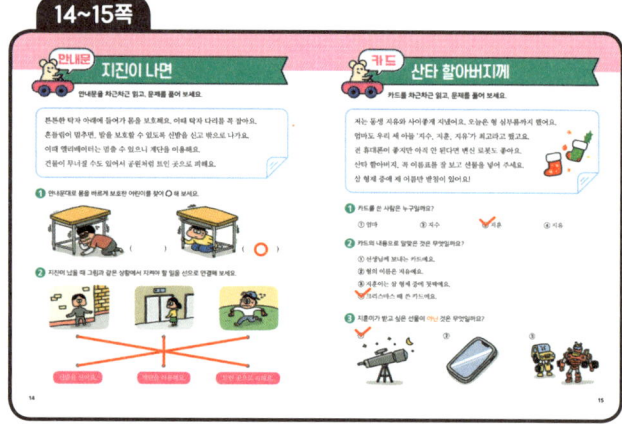

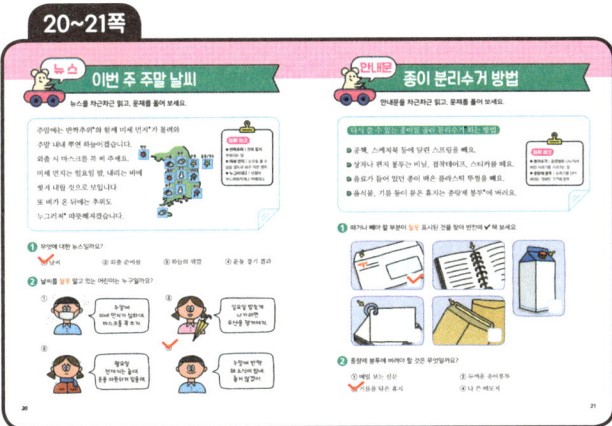

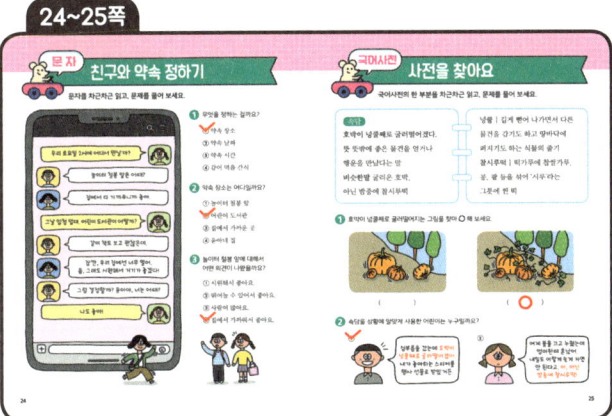
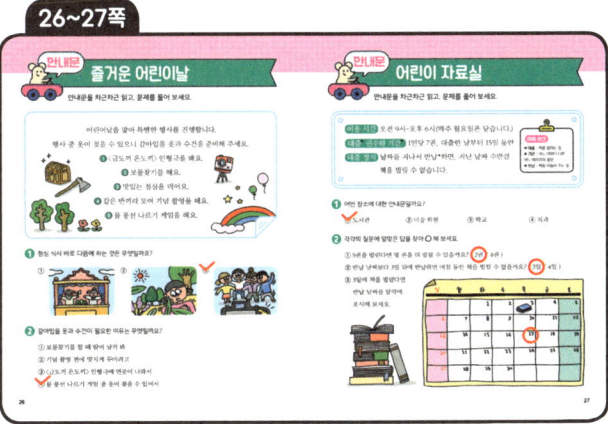
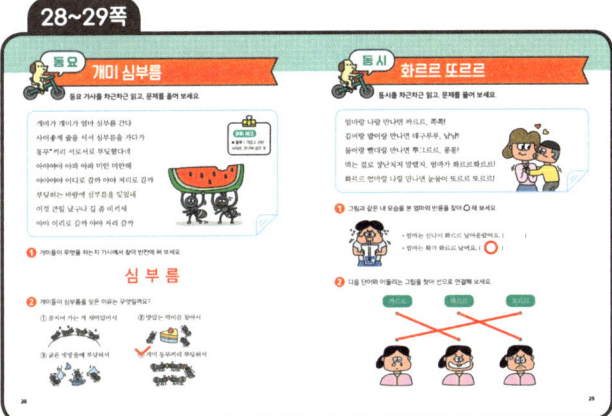

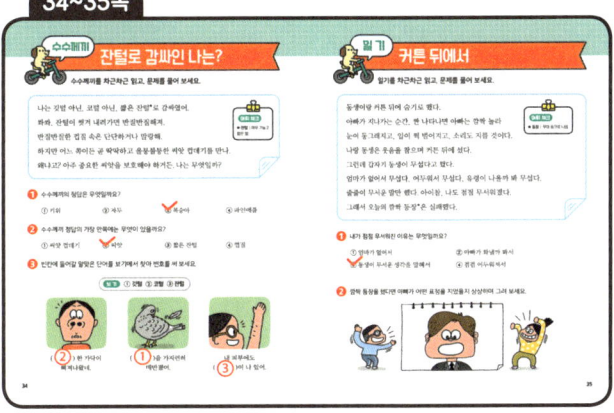

정답

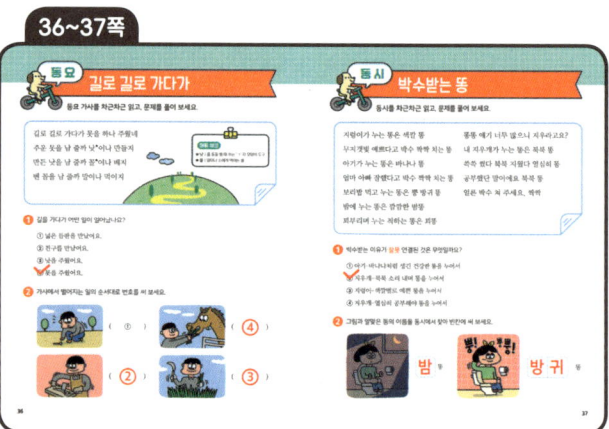
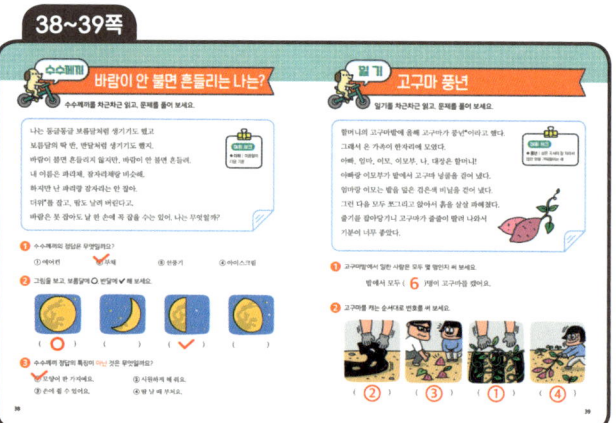

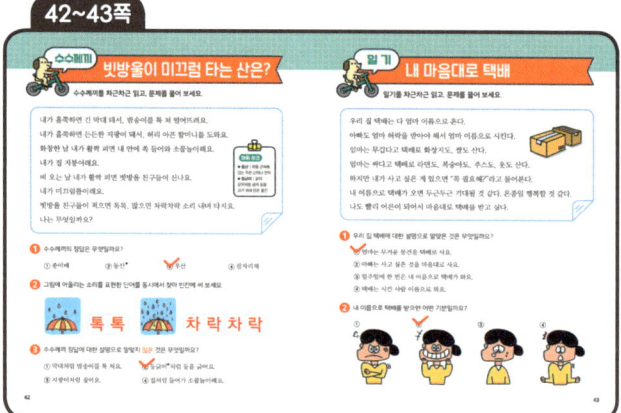
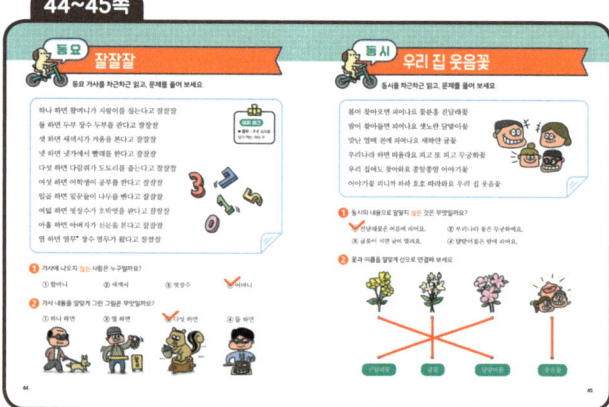
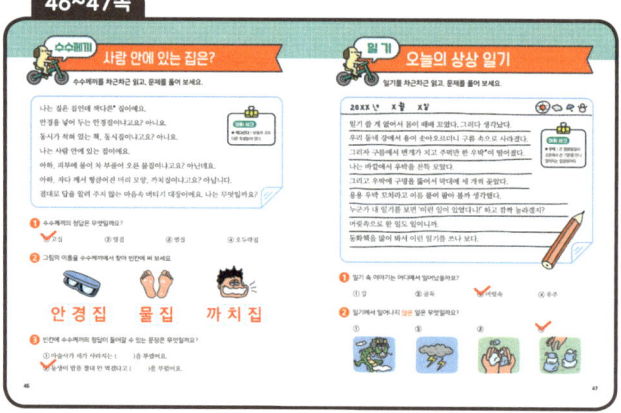
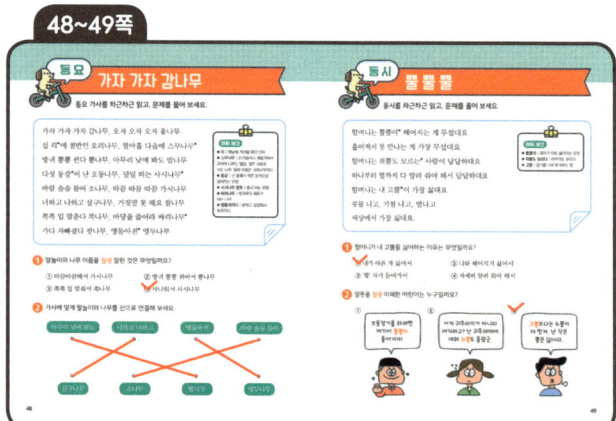
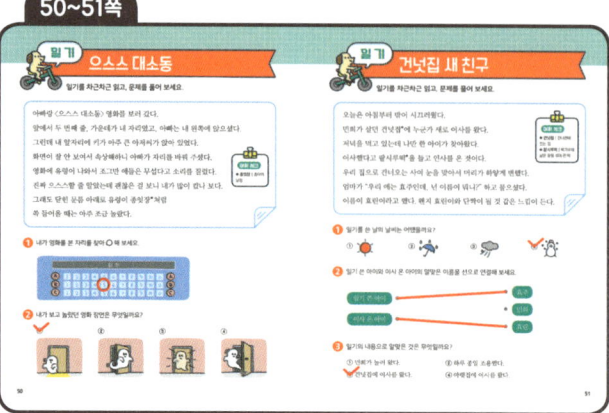

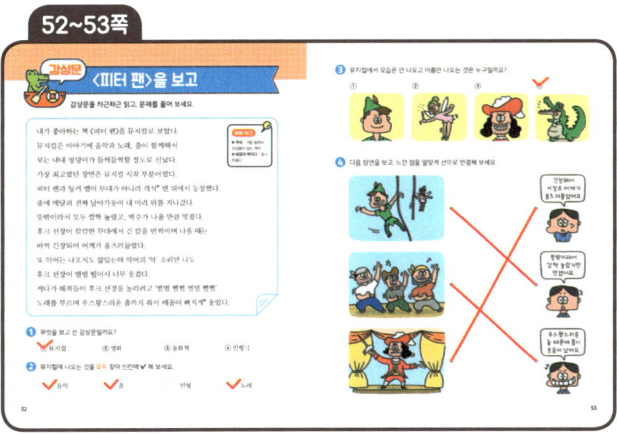

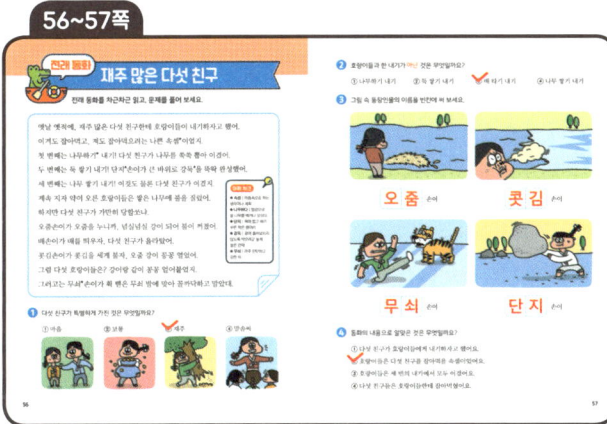
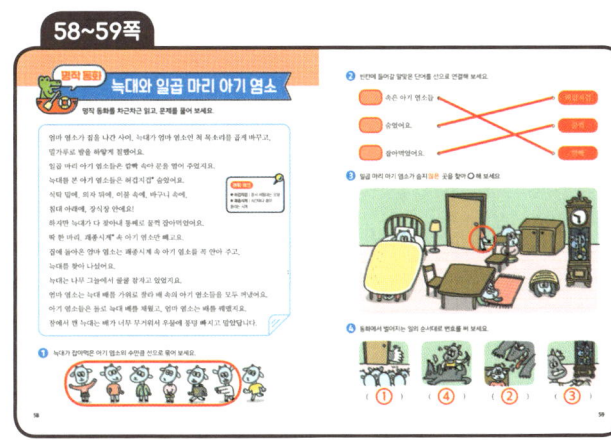
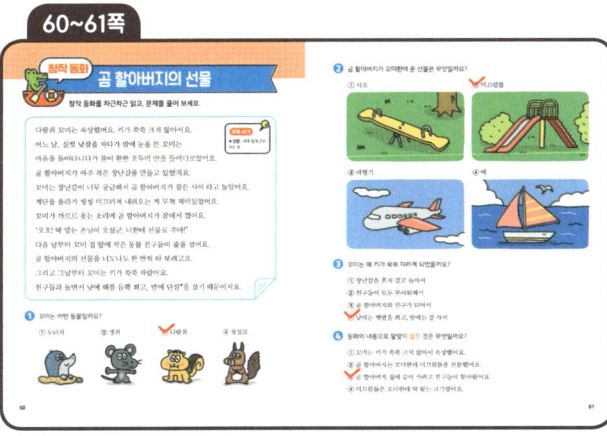

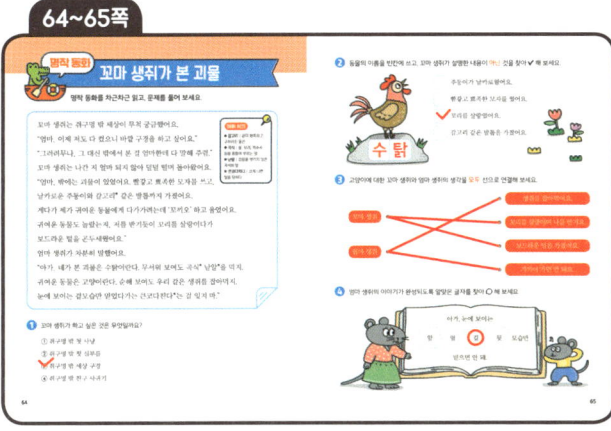
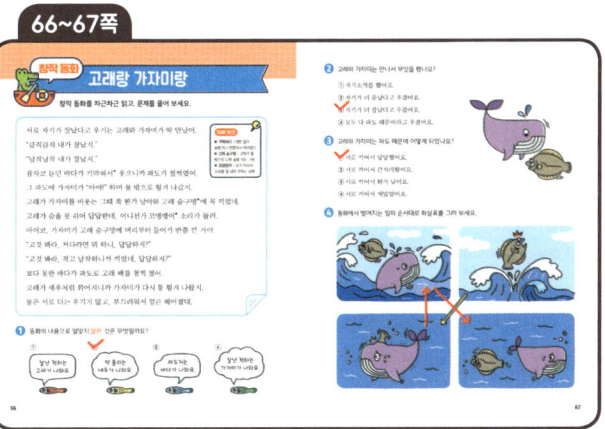

정답

68~69쪽
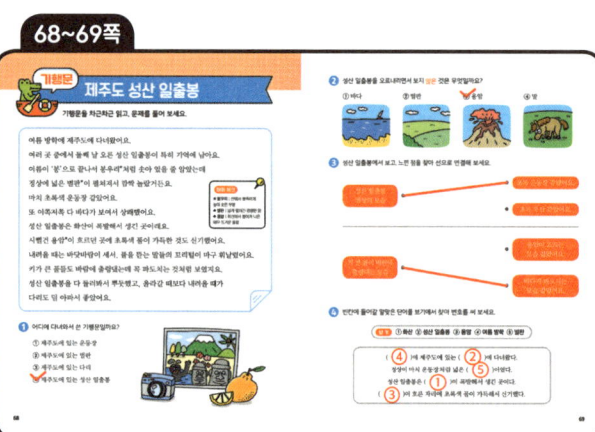

70~71쪽
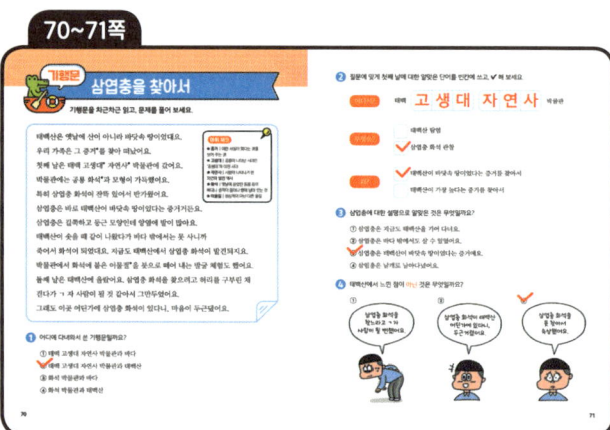

72~73쪽
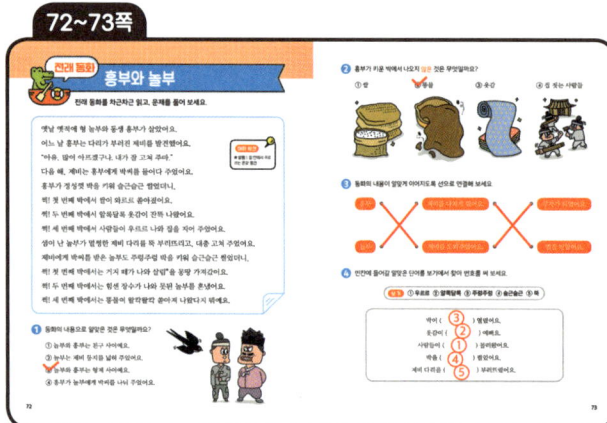

74~75쪽
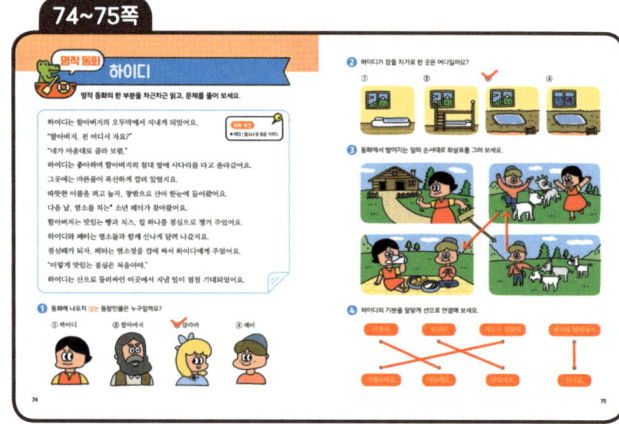

76~77쪽
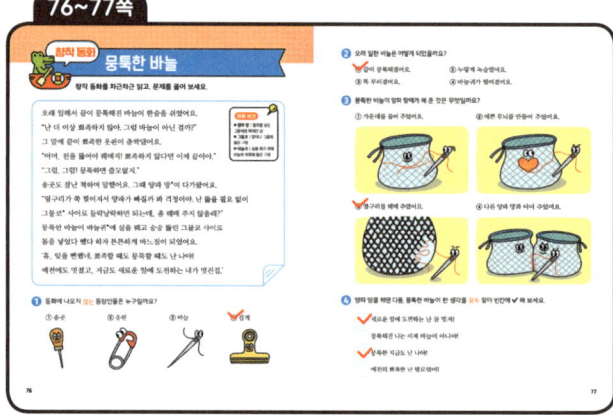

78~79쪽

80~81쪽

82~83쪽
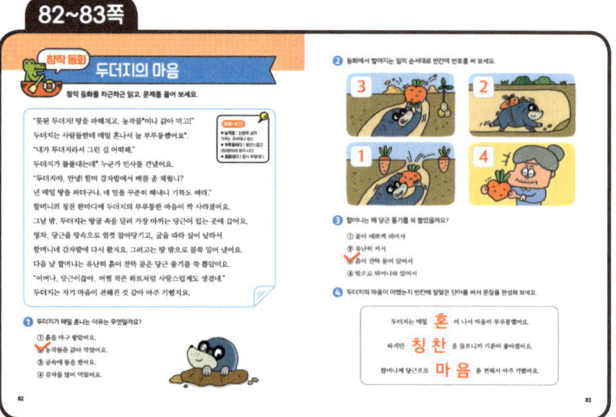

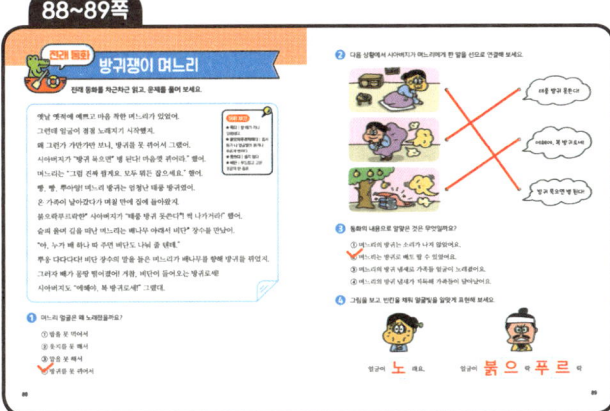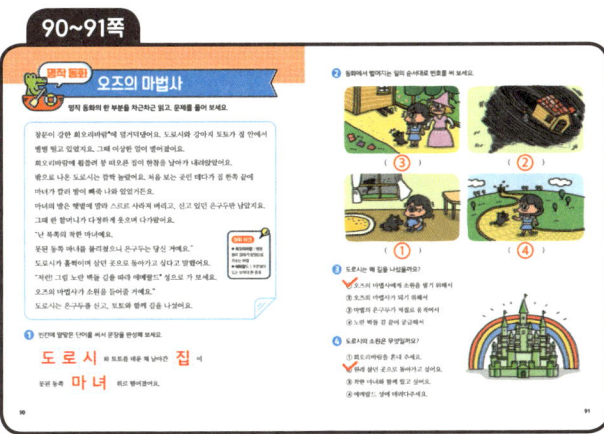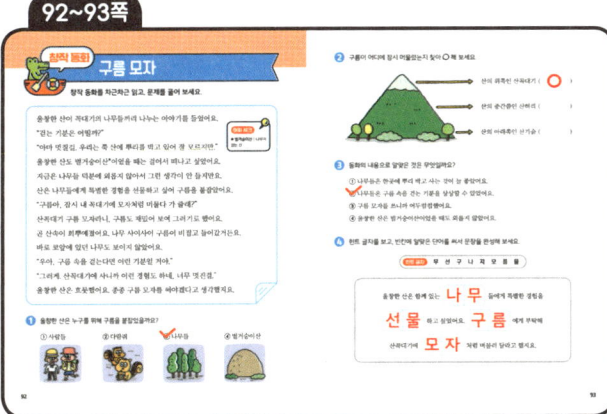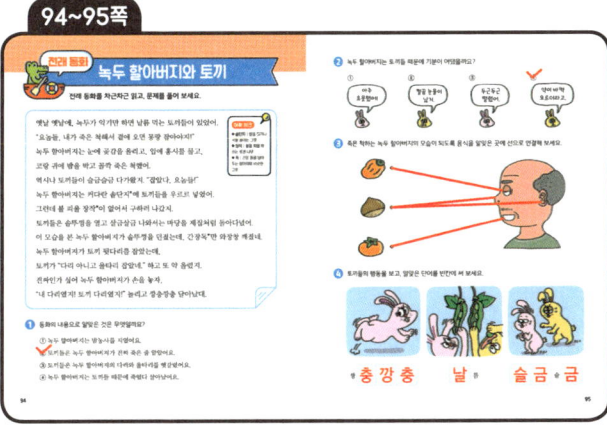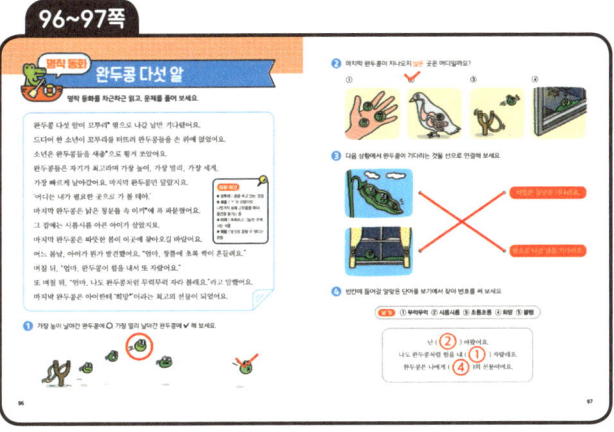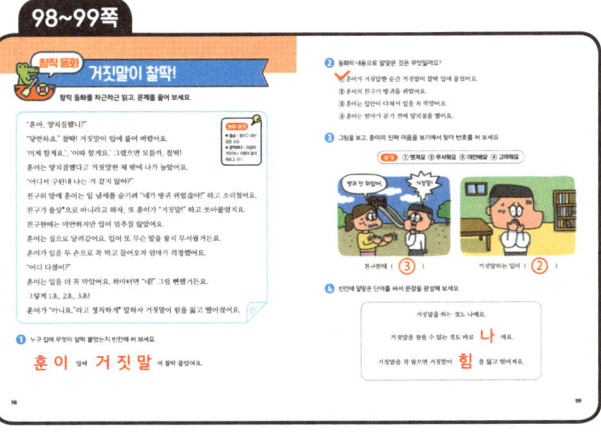

정답

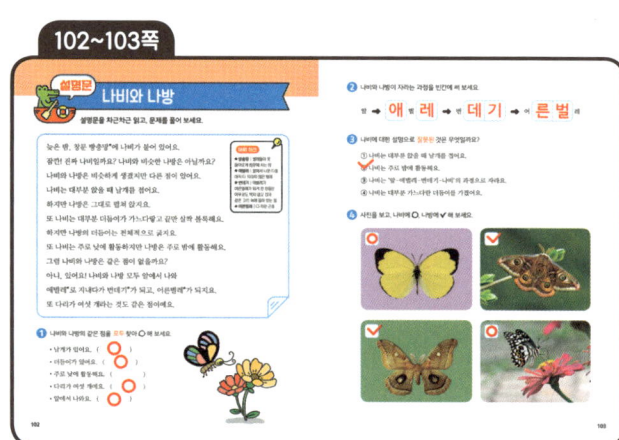

초판 3쇄 발행 2025년 2월 1일
발행처 ㈜애플비북스 | 발행인 오형석 | 글 김정희 | 일러스트 김종채 | 사진 셔터스톡
편집장 이미현 | 편집 정수경 신지원 | 디자인 박슬기
주소 서울시 마포구 창전로 74 여촌빌딩 3층
신고번호 제406-2010-000086호 | 등록일자 2010년 9월 6일
대표전화 02-707-9999 | 도서문의 070-8877-2503 | 팩스 02-707-9992
홈페이지 www.applebeebook.com

© 2023, ㈜애플비북스
이 책을 저작권자의 동의 없이 무단으로 복제하거나 다른 용도로 쓸 수 없습니다.